LES RUINES
DE PÆSTUM
OU
POSIDONIA.

LES RUINES
DE PÆSTUM
OU
POSIDONIA,

ANCIENNE VILLE DE LA GRANDE GRÈCE,

A VINGT-DEUX LIEUES DE NAPLES,

dans le golfe de Salerne:

Levées, mesurées et dessinées sur les lieux, en l'an II.

Par C. M. DELAGARDETTE, Architecte, Pensionaire de la République à l'Ecole des Arts à Rome.

A PARIS,

Chez L'AUTEUR, rue du Sépulcre, F. B. Germain, n.°⁵ 651 et 8.

ET

Chez H. BARBOU, Imprimeur-Libraire, rue des Mathurins.

A*N* VII.

LISTE DES SOUSCRIPTEURS.

LEBRUN, Architecte de la Commune d'Orléans.
BOUCHET, Ingénieur en chef du Département du Loiret.
LEBLOND, Graveur, à Avignon.
BONDON, Architecte, Ingénieur en chef du Département de Vaucluse, à Avignon.
BIENAIMÉ, Architecte, Membre de la Société des Sciences du Lycée des Arts.
PAMOLLE, Eleve de l'Auteur.
PAGOT, Eleve de l'Auteur.
SEHEULT, Architecte, à Nantes.
VERON, Marchand Papetier.
VERLY, Architecte, à Dunkerque.
VAVIN, Architecte.
CASSAS, Architecte et Peintre.
THIBAUT, Peintre.
REAL, Homme de Loi.
LEVASSEUR, Architecte.
GIRODET, Peintre, Pensionaire de la République.
DUVILLARD, Architecte.
DELAGARDETTE, Garde Magasin des Hôpitaux à Pizzighitone.
DETERVILLE, Libraire.
COINTEREAUX, Professeur d'Architecture Rurale.
DESHAIS, Vérificateur des Bâtiments de la guerre.
DURAND, Architecte, Professeur de l'Ecole Polytechnique.
FRANÇOIS DENEUFCHATEAU, Ministre de l'Intérieur.
LA RÉPUBLIQUE FRANÇAISE.
L'ADMINISTRATION Municipale d'Orléans.
LIMAY, Ingénieur des Ponts et Chaussées, à Orléans.
L'ADMINISTRATION Centrale du Département du Loiret.
PERCIER, Architecte, Pensionaire de la Républiq.
FONTAINE, Architecte.
BERNIER, Architecte.
GRIVOTTE, Négociant, à Orléans.
GAITTE, Graveur.
MOISY, Graveur.
D'HOUDAN, Graveur.
MICHEL, Graveur.
BARBOU, Imprimeur-Libraire.
LALLEMENT, Ex-Plénipotentiaire à Venise.
ALBERT-FORTIS, Homme de Lettres.
PIQUET, Graveur.
CAPPERONNIER, Conservateur de la Bibliothéque Nationale.
RIEUX, Professeur de Stéréotomie.
THOMAS, Architecte.
SALLÉ fils, Peintre.
COULON, Architecte.
DESMANDIERES, Eleve du Lycée d'Orléans.
RICHARD, Eleve du Lycée d'Orléans.
RIGOLOT, Ingénieur des Ponts et Chaussées, à Orléans.
DETERSAN, Antiquaire.
FOURNIER, Ingénieur Méchanicien.
BURDIGA, Graveur, de l'Académie de Milan.
DALBE, Amateur, à Milan.
BONNETAUD, Prote de l'Imprimerie de Barbou.
GASSE, freres, Eleves d'Architecture.
PHILIPPE, Architecte.
LHOTE, Architecte, à Bourdeaux.
RENARD, Architecte.
GABRIEL, Architecte.

LISTE DES SOUSCRIPTEURS

pour les Ruines de Pæstum,

PAR ORDRE D'INSCRIPTION.

Trouille, Représentant du Peuple, à Brest.
Lemot, Sculpteur, Pensionaire de la République.
Réattu, Peintre, Pensionaire de la République.
Génain, Peintre.
Bridan fils, Sculpteur, Pensionaire de la République.
Labarre, Architecte.
Suvée, Peintre, Directeur de l'Ecole des Arts à Rome.
Thomas, Amateur.
Bellenou, Entrepreneur de bâtiments.
Delehelle, Libraire.
Nollet, Eleve de l'Auteur.
Blondel, Architecte.
Garnier, Peintre, Pensionaire de la République.
Trouille, (la Citoyenne) Epouse du Représentant.
Détournelles, Ingénieur Militaire.
David-le-Roy, Architecte, Membre de l'Institut.
Tardieu, Architecte, Pensionaire de la Républiq.
Dufourny, Architecte, Membre de l'Institut.
Babin l'aîné, Propriétaire Américain.
Gaillard, Entrepreneur de bâtiments.
Godde, fils aîné, Eleve de l'Auteur.
Blad, Représentant du Peuple, à Brest.
Viel, Architecte de l'Hôpital général.
Surivet, Eleve de l'Auteur.
Dubut, Architecte, Pensionaire de la République.
Le Comte, Architecte du Conseil des Anciens.
Drouot, Architecte.
Vacquier, Contrôleur général des dépenses du Conseil des Anciens.
Pinault, Eleve de l'Auteur.
Salambier, Négociant.
Talleyrand, Ministre des Rélations extérieures.
Ménager, Maître Charpentier.
Delaume, Entrepreneur de bâtiments, à Orléans.
Machereaut, Maître Charpentier, à Orléans.
Gounod, Peintre, Pensionaire de la République.
Lemit fils, Eleve de l'Auteur.
Lafitte, Peintre, Pensionaire de la République.
Phillippes Delleville, Représentant du Peuple.
Bois, Marchand Ferblantier.
Gois fils, Sculpteur, Pensionaire de la Républiq.
Bonard, Architecte, Pensionaire de la Républiq.
Duvivier, (Charles) ancien Administrateur du Département de Gemmapes.
Gondouin, Architecte, Membre de l'Institut.
Raymond, Architecte, Membre de l'Institut.
Rosily, Général.
Le Dépot, Gen. des Cartes et Plans de la Marine.
Déjoux, Sculpteur, Membre de l'Institut.
Legrand, Architecte des travaux publics.
Molinos, Architecte du Musée d'Histoire Naturelle.
Lescot, Ingénieur des Ponts et Chaussées.
Delettre, Graveur.
Berthevin, Libraire et Mathématicien à Orléans.
Dupuis, (François) Entrepreneur de Bâtiments, à Orléans.
Dubois, Architecte, Voyer de la Commune d'Orléans.
Boyé, Entrepreneur de bâtiments, à Orléans.
L'Ecole, des Ponts et Chaussées.
Lesage, Inspecteur de l'Ecole des Ponts et Chaussées.
Normand, Architecte, Pensionaire de la République.
Antoine, Architecte, Membre de l'Institut.
Delacroix, Directeur et Professeur du Lycée des Arts d'Orléans.
Mandar, Architecte, Professeur de l'Ecole des Ponts et Chaussées.
Letourneux, Ex-Ministre de l'Intérieur.
Benard, Architecte.
Lemaitre, Capitaine de Genie.
Ménager fils, Eleve de l'Auteur.
Lecors, Sous-Ingénieur des Bâtiments civils de la Marine à Brest.
Martret, Ingénieur des Bâtiments civils de la Marine à Brest.
Coussin, Architecte, Pensionaire de la Républiq.
Lalourcey, Homme de Loi.
Godde, (Hippolyte) Eleve de l'Auteur.
Godde, (Cir) Entrepreneur de Bâtiments, à Breteuil.
Godde (J. B.) Entrepreneur de Bâtiments.
Coffinet, Architecte.
Couade, Architecte.
Milliere, Architecte.
Leroux, Libraire, à Mayence.
Darras, Horloger.
Roussel, Architecte.
Marquis, Architecte.
Delépine, Architecte.
Deschaumes, Architecte.
Dumond, Sculpteur, Pensionaire de la Républiq.
Bessart, Architecte.
Billaud, Entrepreneur de Bâtiments.
Dieu, Architecte, à Arceuil.
De Warlez, Architecte, à Lille.

TABLE
DES CHAPITRES ET DES PLANCHES.

PAGES. PLANCHES.

INTRODUCTION 1

CHAPITRE PREMIER.

Histoire de la ville de Pæstum ou Posidonia. . . . . 7 I

CHAPITRE DEUXIEME.

Description topographique de Pæstum et de ses environs. . . . 17 . . . . I. II

CHAPITRE TROISIEME.

Description du grand Temple. 23

ARTICLE 1 . . . *Du Plan.* . . . . 23 III
ARTICLE 2 . . . *Des Façades.* . . . . 25 . . . . IV. V
ARTICLE 3 . . . *De l'Intérieur.* . . . . 26 . . . . V. VI
ARTICLE 4 . . . *Des Colonnes.* . . . . 26 IX
ARTICLE 5 . . . *Des Cannelures.* . . . . 28 IX
ARTICLE 6 . . . *Des Chapiteaux* . . . . 29 . . . VII. IX
ARTICLE 7 . . . *De l'Entablement.* . . . . 30 . . . VII. VIII
ARTICLE 8 . . . *Le Fronton* . . . . 33 . . . VII. VIII
ARTICLE 9 . . . *Entablement et Chapiteaux des Colonnes et des Antes sous le portique.* . . . . 34 IX

CHAPITRE QUATRIEME.

Essai motivé sur la Restauration du grand Temple. . . . 36

ARTICLE 1 . . . *Des Murs du Temple.* . . . . 36 III
ARTICLE 2 . . . *Singularité de la différence des sols.* . . . . 36 III
ARTICLE 3 . . . *Des Dégrés.* . . . . 37 . . . . V. VI
ARTICLE 4 . . . *Des Entrées du Temple* . . . . 37 . . . III. V
ARTICLE 5 . . . *Des Escaliers.* . . . . 38 V
ARTICLE 6 . . . *Des Portes des Escaliers.* . . . . 39 . . . III. IV
ARTICLE 7 . . . *Des Tribunes* . . . . 40 V
ARTICLE 8 . . . *De l'Etage supérieur, et du Plafond général.* . . . 41 VI

CHAPITRE CINQUIEME.

Essai motivé sur la manière dont le grand Temple étoit couvert. . 43

ARTICLE 1 . . . *De la Charpente en général.* 43
ARTICLE 2 . . . *Du Faitage.* . . . . 43 . . . . V. VI
ARTICLE 3 . . . *Des Pannes.* . . . . 44 . . . . V. VI
ARTICLE 4 . . . *Des Chevrons* . . . . 44 . . . . V. VI
ARTICLE 5 . . . *Pourquoi la Charpente étoit-elle en bronze, et non en bois ?* . . 44 . . . V. VI
ARTICLE 6 . . . *De la Couverture.* 45

CHAPITRE SIXIEME.

Du petit Temple. 47

ARTICLE 1 . . . *Du Plan.* . . . . 47 X
ARTICLE 2 . . . *Des Façades.* . . . . 48 X
ARTICLE 3 . . . *Des Colonnes extérieures, et de leurs cannelures.* . 48 X
ARTICLE 4 . . . *Des Chapiteaux.* . . . . 49 X
ARTICLE 5 . . . *De l'Entablement* . . . . 49 X
ARTICLE 6 . . . *Du Fronton.* . . . . 51 X
ARTICLE 7 . . . *Des Colonnes intérieures.* . . . . 51 X
ARTICLE 8 . . . *Essai sur la distribution intérieure du petit Temple.* . 52 X

TABLE DES CHAPITRES ET DES PLANCHES.

PAGES. PLANCHES.

CHAPITRE SEPTIEME.

Description de la Basilique. 53

Article 1 . . . *Du Plan*. . . . . 53 XI
Article 2 . . . *Des Façades*. . . . . 54 XII
Article 3 . . . *Des Colonnes, et du Contour de leur Galbe*. . . . . . . 55 . . . XII
Article 4 . . . *Des Chapiteaux*. 55 XI
Article 5 . . . *De l'Entablement* . . . . 56 XI
Article 6 . . . *Des Colonnes, et des Antes sous le portique*. . . . . . 57 . . XI. XII
Article 7 . . . *Conjectures sur la distribution intérieure de la Basilique* . . . . . 57 . . XI. XII

CHAPITRE HUITIEME.

Recherches et description des autres Edifices de Pæstum, dont il ne reste plus que des vestiges incertains.

Article 1 . . . *Du Cirque, et des Châpiteaux trouvés dans les fouilles*. . . . . . . 59 . . . I. XIII
Article 2 . . . *De l'Amphithéâtre*. . . . . 60 XIII
Article 3 . . . *Des Portes, des Tours, des Murs et des Aqueducs*. . . . . 61 . . . XIII
Article 4 . . . *Du Bâtiment Corinthien*. . . . . 62 III

CHAPITRE NEUVIEME.

Description des matériaux dont les Edifices de Pæstum sont composés, et conjectures sur la manière dont ces Edifices ont été construits.

Article 1 . . . *Des Aqueducs*. 63
Article 2 . . . *Des Murs, des Portes, et des Tours de l'enceinte de la Ville*. . . . 63 . . . XIII
Article 3 . . . *Du grand Temple*. 64 V
Article 4 . . . *De la Basilique, et du petit Temple*. 66
Article 5 . . . *De l'Amphithéâtre*. 67

CHAPITRE DIXIEME.

* *Parallele des Edifices de Pæstum, et de ceux d'Athènes et de Rome, d'où l'on conclut l'époque de la construction des Temples de Pæstum.*

Article 1 . . . *Parallele des ordres Doriques du grand Temple de Pæstum et de ceux du Temple de Thésée et du Parthénon d'Athènes* . . . . 68 XIV
Article 2 . . . *Parallele des ordres Doriques de la Basilique et du petit Temple de Pæstum, et de ceux du Théâtre de Marcellus et du Colisée à Rome*. . . . . . . 69 XIV
Article 3 . . . *Conjectures sur l'état ancien des Colonnes et des Chapiteaux de la Basilique et du petit Temple*. . . . . 70 XIV
Article 4 . . . *Epoques présumées de la construction des trois Temples de Pæstum*. 71
Du grand Temple.
De petit Temple et de la Basilique . . . .

CHAPITRE ONZIEME.

Des Médailles trouvées dans les fouilles . . . . 73 . . . XIII

CHAPITRE DOUZIEME.

Tableau nominatif des nouvelles Mesures linéaires établies en France en l'an VI. 75

Fin de la Table des Chapitres et des Planches.

* A la pag. 68, *lisez* le titre du Chap. dixieme, tel qu'il est ici.

INTRODUCTION

INTRODUCTION.

RIEN n'est plus *séduisant* pour un ami de l'Architecture ancienne, que le désir de publier les observations et les recherches qu'il a faites sur les lieux mêmes, où les Architectes grecs, guidés par le génie mâle et sublime qui les animaient, ont pensé et construit les majestueux édifices dont nous admirons encore les ruines à Pæstum.

Mais pour se procurer cette jouissance vraiment délicieuse, que d'entraves il faut surmonter? Que d'obstacles il faut vaincre? Et en effet, combien n'en n'ai-je pas rencontrés pour recueillir les matériaux nécessaires à l'ouvrage que je publie? Combien mes recherches ont été pénibles pour arriver à un résultat satisfaisant, et fructueux pour l'étude.

Le voile obscur qui couvre jusqu'au nom même de *Posidonia*, et le silence des Historiens (*a*) sur les monuments dont je vais décrire les ruines, joint aux difficultés sans nombre que rencontrait un Artiste dans les Etats du Roi de Naples (*b*) pour pouvoir dessiner et mesurer les objets d'Arts, auraient découragé tout autre moins dévoué que moi à l'étude de l'Architecture, et moins jaloux de ses progrès.

D'après tous ces obstacles et les difficultés que j'ai éprouvés moi-même, il n'est pas étonnant que les Auteurs qui m'ont précédé dans la publication des mêmes Ruines (*c*), offrent tant de contradictions dans la représentation des

---

(*a*) Peut-être que l'habitude de n'avoir sous les yeux que des merveilles, leur a fait considérer les monuments de Pæstum comme peu importants pour la postérité. Les Poëtes ont chanté les Roses de Pæstum qui fleurissaient deux fois l'an: mais ainsi que les Historiens, ils n'ont jamais dit un mot des édifices que nous y admirons encore après vingt-trois siecles d'existence. Cela nous fait naturellement penser que les Anciens étaient plus touchés des bienfaits et des jouissances de la Nature, que des merveilles de l'art.

(*b*) Il y était expressément défendu à tout individu, de dessiner ou mesurer quelque chose que ce fut, si ce n'était pour le Roi lui-même. Les Citoyens Gounod Peintre, et feu le Faivre Architecte, tous deux pensionnaires de la République, pour avoir osé dessiner de simples vues dans l'intérieur de la ville de Naples, y furent arrêtés et conduits devant un tribunal qui confisqua leurs dessins: conduite d'Égoïste, qui détruisant l'émulation, nuisait infiniment aux progrès de l'art.

(*c*) On connaît sur les Ruines de Pæstum les ouvrages suivants: Vues et Détails de Pæstum, publiés par Dumont, Professeur d'architecture, etc. Paris, 1764. *in-fol.* = Sei Vedute delle Ruine di Pesto, da Morghen. In Napoli, 1766. *in-fol.* = The Ruines of Pæstum, c'est-à-dire, les Ruines de Pæstum ou Posidonia, ville de la Grande-Grèce, au royaume de Naples, etc. avec quatre grandes Planches gravées par J. Miller. Londres, chez B. White, 1767. *in-fol.* = Les Ruines de Pæstum ou de Posidonie, dans la Grande-Grèce; par Thomas Major, graveur de Sa Majesté Britannique: trad. de l'Anglais. Londres, de l'imprimerie de J. Dixwell, 1768. *in-fol.* = Les Ruines de Pæstum, autrement Posidonia, ville de l'ancienne Grande-Grèce, au royaume de Naples, etc. avec des observations sur l'ancien Ordre Dorique. Traduction libre de l'Anglais imprimé à Londres en 1767, par M***. (Dumont): et à laquelle on a joint des gravures et des détails concernant la ville souterraine d'Herculanum, et autres antiquités, principalement du royaume de Naples. Londres, et se trouve à Paris, chez Charles-Antoine Jombert, Libraire, 1769. *in-fol.* Les planches, qui regardent Pæstum, sont les mêmes que celles publiées en 1764, dont il a été fait mention plus haut. = Différentes Vues de quelques restes de trois grands Edifices qui subsistent encore dans le milieu de l'ancienne ville de Pesto, autrement Posidonia, qui est située dans la Lucanie; par Piranese. gr. *in-fol.* = Pæsti quod Posidoniam etiam dixère; Rudera, seu Pæstanæ dissertationes; auctore patre Paulo-Antonio Paoli. Romæ, in Typographio Palеariniano, 1784. *in-fol.* Italicè et Latinè.

On trouve encore des renseignements sur la ville et les monuments de Pæstum, dans les dissertations sur la Lucanie, du Baron D. Joseph Antonini, imprimées à Naples en 1747, et an. suiv. = Dans les Lettres sur la Sicile, par Reydesel. = La Sicile ancienne, par d'Orville. = Les antiquités de la Sicile, par le Pere Pancrace. = Les Remarques sur l'architecture des Anciens, par Winckelmann. = Le Voyage en Italie, par Lalande. = Et les Observations sur l'Italie et les Italiens, de deux Gentils-hommes Suédois, par Grosley. Etc.

INTRODUCTION.

mêmes objets, et tant de négligence dans l'exactitude de leurs mesures : ce que l'on doit sans doute attribuer à la précipitation qu'ils ont mise à dessiner *furtivement* les vues et les détails des monuments qu'ils ont décrits. Et quelques-uns même de ces Auteurs, semblent n'être allés à Pæstum que par simple curiosité, ou dans le dessein d'y faire un dîné pittoresque au milieu de ses ruines, pendant que de simples Dessinateurs payés et peu observateurs, s'occupaient à faire de ces mêmes ruines, des vues d'un effet piquant, qui ne manquaient point de recevoir l'assentiment des Convives rassasiés.

Souvent le désir d'avoir des mesures, n'a été que le résultat de l'impression qu'avait faite le premier aspect de ces monuments, et souvent aussi il n'a été que celui du charme qu'inspiraient des dessins ombrés avec art, et ingénieusement coloriés.

Qu'arriva-t-il delà ? c'est qu'on prit à la hâte des mesures générales sans dispositions préparatoires, sans instruments propres, sans matériaux absolument nécessaires à l'exactitude des opérations. On revint ensuite dans sa patrie, et d'après des souvenirs conservés, on composa les détails qu'on avoit obmis de prendre ; on leur supposa des mesures proportionnées à celles générales qu'on avait prises avec une mesure de poche seulement ; on fit d'après ces dessins, des gravures *soigneusement* exécutées, précédées ou accompagnées d'un discours historique, dans lequel des autorités sont rapportées avec profusion. Voilà comme les Ruines de Pæstum semblent avoir été publiées.

Affecté douloureusement du préjudice de pareils procédés, et rempli, dès mon départ pour l'Italie, du vif désir de rapporter dans mon pays, des dessins vraiment exacts des Ruines de Pæstum, je fis toutes les diligences possibles, étant à Naples, pour me procurer dans cette Ville les moyens pécuniaires dont j'avais besoin pour faire face aux dépenses du transport des équipages et des matériaux nécessaires à mes travaux.

Ayant accepté les offres généreuses et désintéressées de Madame Gasse (*d*), française, domiciliée depuis long-tems à Naples, je fis connoissance et me liai d'amitié avec plusieurs Voyageurs, entr'autres avec Georges Wallis (*e*), anglais,

---

(*d*) Qu'on me permette ici un témoignage public de reconnoissance envers cette estimable et généreuse Française, propriétaire à Naple de l'hôtel de *monte-Olivetto*. Du moment qu'elle connut le projet dont je lui avais fait part, de donner à la France un ouvrage sur les Ruines de *Pæstum*, elle m'invita à rester dans son hôtel, que j'avais choisi, quoique bien persuadée que ma fuite précipitée de Rome, en Janvier 1793, (époque de la persécution dirigée particulièrement contre la légation et les Pensionnaires de France), ne me laissait que de foibles moyens pécuniaires, et que je ne pouvais rester long-tems chez elle sans être à sa charge. Mais disposée à tous les sacrifices, elle m'engagea, et me pressa d'être sans inquiétude, me représentant que la fréquentation des Savans et des Artistes, et des riches Voyageurs qui choisissaient et peuplaient continuellement sa maison, devait infailliblement me procurer des ressources, et les moyens d'exécuter le plan que j'avais formé. C'est donc à cette généreuse Française, et je le dis franchement, que j'ai la première obligation de la réussite de mon projet, et que le public est redevable de l'ouvrage que je lui offre aujourd'hui.

(*e*) Georges Wallis, jeune Anglais d'un mérite distingué ; Peintre de paysages, Pensionnaire libre du gouvernement Anglais, envoyé en Italie pour y étudier la belle nature, et les paysages des environs du Vésuve et de l'Etna.

INTRODUCTION.

et avec Vincenzo Ferraresi (*f*), napolitain. Plusieurs autres riches particuliers et amateurs devinrent mes éleves.

Je rencontrai dans Georges Wallis, un amateur de la belle Architecture antique, et sur-tout des monuments de Pæstum qu'il avait déja vûs.

Cherchant depuis long-tems un Artiste qui fût animé du même zèle que lui, il me proposa de me conduire à Pæstum à ses frais ; j'acceptai l'offre avec anthousiasme, et avec d'autant plus de plaisir, que j'étais déja déterminé à tous les sacrifices que je pourrais faire pour m'y transporter.

Georges Wallis alla plus loin, il promit de me conduire lui-même à Pæstum, avec les hommes, les équipages, les instrumens et les provisions nécessaires.

En reconnoissance d'un service aussi signalé, qui allait me rendre seul propriétaire des dessins et des détails que je pourrais recueillir, je lui offris avec le plus grand plaisir les Vues perspectives qu'il paraissait désirer. Mon offre fut acceptée avec joie, et fut exactement remplie.

Nous partîmes donc de Naples, dans le mois de Mars 1793, accompagnés du Citoyen Reattu (*g*), emportant avec nous les ouvrages de *Dumont*, de *Thomas Major*, et du Pere *Paoli*, et d'ailleurs pénétrés de tout ce qui avait été écrit sur Pæstum par les Voyageurs modernes.

Arrivés à Salerne, nous complettâmes les hommes et les objets nécessaires pour nous transporter avec sécurité (*h*), et demeurer avec fruit dans la solitude de Pæstum, tout le tems nécessaire à nos travaux.

La plus vive émotion a dû pénétrer les Voyageurs heureux, qui ont pu vaincre les obstacles, et parvenir à travers les plaines de la Grèce, de l'Asie et de l'Egypte, aux villes d'Athènes, de Balbek, de Palmyre et de Thèbes ! Telle fut celle que j'éprouvai dans toute sa force en arrivant dans la Lucanie, en arrivant à Pæstum. Et à la vérité quelle scène imposante pour un Artiste observateur, que celle de voir sur les rivages de la mer, un espace immense et aride, entouré de murailles, couvert de colonnes et de monuments majestueux, où sous un beau ciel qu'aucun nuage n'obscurcit, regne le silence le plus absolu : n'ayant d'autres habitants autour de lui que ces compagnons de voyage, que quelques rustres occupés à faire paître des buffles, que des pierres et des serpents. Combien un pareil ensemble doit lui faire naître d'idées diverses et de réflexions profondes !

Vivement ému, j'étais dans une sorte de délire, à l'aspect du tableau extraordinaire qui se déroulait devant moi. Mais portant mes regards sur chacun des

---

(*f*) Vincenzo Ferraresi, Napolitain, Architecte du Roi de Naples, et Professeur en son Académie des Etudes.

(*g*) Reattu, Français, Peintre d'histoire, et comme moi Pensionnaire de France, et fugitif de Rome.

(*h*) Nous y arrivâmes le 3 Germinal, an deuxieme, 23 Mars 1793, vieux style.

INTRODUCTION.

monuments en particulier, je crus appercevoir ce génie sublime qui avait présidé à l'invention de ces chef-d'œuvres, et le savoir profond qui avait conduit leur exécution.

On approuvera sans doute l'enthousiasme dont je fus saisi, et que j'annonce encore au moment que j'écris, quand on méditera profondément sur les monuments que je publie. Si je me suis trompé, et si je m'abuse encore, on excusera dans un Artiste zélé pour les progrès de son art, cet amour bien naturel pour les objets qu'il a eu la peine (*i*) et le bonheur de découvrir.

Arrivé à Pæstum, mon premier soin fut de me bien pénétrer des monuments eux-mêmes, et de les comparer avec les ouvrages qui les avaient déja décrits, et dont je m'etais muni. Alors je fus bien à même de remarquer les ommissions, les différences, les augmentations, les erreurs et les contradictions que présentent ces ouvrages (*k*), et que je ferai remarquer chacune en son lieu.

Après m'être bien assuré de la disposition particulière et respective de chacun des édifices, je m'occupai de leurs détails. Je ne dirai rien ici des moyens que j'ai employés dans mes opérations. Ceux dont je croirai les détails inté-

---

(*i*) Je ne peux passer sous silence les fatigues et les privations que nous avons éprouvés pendant notre séjour dans ce désert. Nous avions pour habitation la maison, dite de l'Evêque, et pour lits, des grabats qu'on avait laissés en 1580, lorsqu'on avait abandonné définitivement la Ville. On juge aisément de l'état de conservation et de propreté dans lequel devait se trouver ce gîte après 200 ans de non réparation. La faim et la soif étaient des besoins qu'il ne nous était pas facile de satisfaire, malgré que nous fussions au bord de la mer, que deux rivieres baignassent les murs de Pæstum, et qu'à neuf kilomètres sur la montagne voisine nous eussions la petite ville de Capaccio à laquelle il nous fallait aller pour renouveller nos provisions de pain, d'eau, et de fromage de lait de jument : encore nous ne pouvions nous les procurer qu'avec la permission qu'en accordait l'Evêque à Georges Wallis, chef de la caravane.

(*k*) J'y ai remarqué que c'est à tort que dans sa préface, pag. 4, le Traducteur français de l'ouvrage anonyme publié à Londres en 1767, accuse Thomas Major de n'avoir point parlé de cette description des Ruines de Pæstum. C'est à tort qu'il l'accuse de s'être tu sur la connoissance qu'il avait eue des dessins de J. G. Souflot. Ce reproche est injuste, puisque Thomas Major, en semblant avouer qu'il n'a jamais été à Pæstum, se flatte d'avoir eu communication du travail de Souflot, et d'avoir été aidé par lui dans l'exécution de ses gravures, et puisqu'il lui en donne des témoignages de reconnoissance. Cet aveu de Thomas Major semble moins annoncer l'exacte vérité, qu'il ne paraît manifester son désir de partager la gloire de Souflot, qui le premier a mesuré les édifices de Pæstum. Si Major a copié quelqu'ouvrage, certainement ce n'a pas été celui de Dumont, qui ne donne de vrai sur Pæstum, que la forme en masse des temples, et le nombre de colonnes : tout le reste des détails paraît avoir été affaire de goût. Ni Souflot ni Dumont n'ont jamais vu, mesuré et dessiné à Pæstum, les détails de la corniche, les gouttes de l'architrave, la moulure et les astragales des chapiteaux du grand temple qu'il nous ont donnés. Si Major a copié quelqu'ouvrage, il est bien plus raisonnable de penser que ce soit, pour certains détails, les gravures de l'ouvrage du Pere Paoli, qui ont été abandonnées dans les mains des Graveurs, depuis 1766 jusqu'en 1784, qu'elles ont été publiées à Rome. Je pense encore que Major a copié les Vûes générales et particulieres de Morghen, sur lesquelles les siennes semblent être calquées : les mêmes contradictions s'y rencontrent, les mêmes disproportions des colonnes avec leur hauteur et leur espacement y existent. Tous deux ont mis des triglyphes dans la frise de la Basilique, où je suis porté à croire qu'ils n'en ont jamais vûs : rien n'annonce qu'il y en ait jamais existé. Morghen et Paoli, ont mis dans leurs Vûes, des côtes aux cannelures, et Souflot en a fait autant dans celle du petit temple ; Paoli a mis des modillons dans les corniches des frontons, etc. et dans leurs détails, tous les Auteurs ont supprimé ces augmentations. Ces erreurs, ces contradictions dans la représentation d'un même objet, font penser naturellement que tous ces ouvrages sont plutôt des productions d'amateurs curieux et peu versés dans l'étude, que le résultat d'un travail approfondi d'Artistes observateurs. Cependant de tous les ouvrages sur Pæstum, celui de Paoli mérite la préférence ; il s'écarte moins de la vérité dans les vûes générales et dans les détails. Quant aux vûes *particulières*, ce sont des dessins purement de goût. Le Dessinateur a souvent supprimé un rang de colonnes qui le gênait, pour en voir un autre, et pour donner à son dessin un effet plus pittoresque, etc. La collection la plus complette et la plus fidelle des vûes de Pæstum, est celle donnée à Rome par Piranese : on y voit réellement les Ruines de Pæstum.

INTRODUCTION.

ressants, trouveront leur place dans la description particulière des Planches de cet ouvrage (*l*).

Un avantage vraiment précieux pour lui, est la loi que je m'étais imposée, et que j'ai religieusement observée, de faire tous mes dessins à Pæstum dans les édifices mêmes que je dessinais : tous ceux du grand Temple ont été entièrement terminés à Pæstum, les autres y ont été mis au trait, et lavés à mon retour à Naples, tels que je les publie aujourd'hui.

Dans les différentes fouilles que j'ai eu occasion de faire faire dans les Ruines de la ville de Pæstum, j'ai découvert *sept Médailles* en bronze que j'ai fait dessiner avec soin, et graver au bas de la Planche XIII. Je les publie accompagnées d'une courte explication. J'avoue que j'ignore si elles sont rares, si elles *ont quelque mérite* par rapport à l'histoire, et si toutes sont déja connues. J'aurai l'attention d'indiquer exactement les Monuments où je les ai trouvées.

Je termine ici cette introduction déja bien longue, en demandant à mes Lecteurs *toute l'indulgence* dont j'ai besoin. Je les invite à ne voir dans les mo*tifs* qui m'ont conduit à la publication de cet ouvrage, que mon amour pour l'étude de l'Architecture ; qu'un zèle non interrompu pour l'instruction de la jeunesse ; que le désir de transmettre les faibles connaissances que l'observation m'a acquise. Je les invite enfin de voir avec bonté mon empressement à offrir à ma Patrie un ouvrage qui lui manquoit, et qui peut-être sera de quelqu'intérêt par le caractère des monuments qu'il présente.

Puisse donc cet ouvrage profiter également aux Maîtres et aux Elèves, et contribuer aux progrès de l'ordonnance de l'Architecture en France. Puisse-t-il aussi être utile aux Arts en général et aux Artistes, en leur fournissant les

---

(*l*) Je ne dirai rien ici de l'ordre que j'ai suivi dans la répartition des Planches, et dans la distribution des matières de cet ouvrage : un coup d'œil sur la table en instruira suffisamment. Je dirai seulement un mot sur le parti que j'ai pris pour exprimer les mesures au-dessous du millimètre. J'ai cru devoir employer de préférence aux subdivisions décimales, les fractions $\frac{1}{2}$, $\frac{1}{3}$, $\frac{1}{4}$, $\frac{1}{8}$, $\frac{1}{12}$, comme étant plus simples et demandant moins de lettres, et par conséquent moins d'espace pour les écrire. J'ai pris sur-tout ce parti, et d'autant plus volontiers, que $\frac{1}{2}$, $\frac{1}{3}$, $\frac{1}{4}$, $\frac{1}{8}$, $\frac{1}{12}$, de millimètre, étaient plus que suffisants pour les approximations des mesures de l'Architecture, et que j'ai considéré que ces mesures étaient prises sur des moulures de vingt-trois siècles.

J'ai désigné l'unité de mètre, en la faisant suivre d'une virgule, comme par exemple 6 mètres, 120 millimètres, est exprimé 6, 120 ; et dans les petits espaces, comme ceux de 0, 950, et de 0, 011 où il n'est pas permis de mettre le zéro et la virgule à la place de l'unité élémentaire, j'ai simplement mis 950, et 11 ; et dans les extrêmement petits où il n'y a que 0, 006 ou bien 0, 004, j'ai de même mis simplement 6 ou bien 4. On verra facilement par la proportion des échelles, que j'ai faites très exactes, que l'espace en question ne contient que des centimètres ou des millimètres seulement, et non pas des mètres ou des décimètres.

Je dois observer aux Lecteurs, relativement à l'exactitude des échelles, que malgré les soins que j'ai mis dans le choix du papier pour les gravures, il s'en trouve d'épaisseur inégale dans la surface d'une même feuille, ce qui occasionne des variétés et des contradictions dans la proportion des diverses parties d'un même édifice par rapport à l'échelle : par exemple, sur une épreuve prise au hazard, l'échelle sera juste avec les cottes de la largeur de l'édifice, et la planche trop étendue, et sera trop petite pour les cottes de la longueur, tandis que sur une autre épreuve de la même planche on trouvera le contraire. L'expérience m'a fait découvrir que cette différence était occasionnée par le plus ou le moins d'épaisseur du papier dans la surface d'une même feuille ; et j'en préviens, afin que l'on se tienne sur ses gardes à cet égard, et l'on compte plus certainement sur les cottes écrites, que sur les mesures qu'on voudroit s'amuser à prendre avec le compas.

moyens de procurer de nouvelles jouissances. Alors j'aurai rempli la tâche que je m'étois imposée.

Simple Artiste, je n'ai pas cherché à étonner et à charmer mes Lecteurs par des discours éloquents : j'ai tâché de bien exprimer ce que j'ai vu, ce que j'ai observé, ce que j'ai senti. Si en me refusant les éloges reservés aux Orateurs, ils m'accordent leur estime, mes vœux seront comblés.

LES RUINES DE PÆSTUM

ou

POSIDONIA.

CHAPITRE PREMIER.

Histoire de la ville de Pæstum ou Posidonia.

La partie de l'Italie, connue depuis long-tems sous le nom de Royaume de Naples, est celle que les Grecs avaient anciennement conquise, et qu'ils avaient appellée Grande-Grèce.

La Lucanie, qui en était un des cantons le plus florissant, avait pour prinpales villes *Posidonia*, et la trop fameuse *Sybaris*.

Ce que l'histoire rapporte de Sybaris et de ses habitants, et les Ruines imposantes que l'on voit encore à Pæstum, prouvent que cette contrée était une des plus recommandables de la Grande-Grèce.

Mais, quels étaient les peuples qui habitaient cette partie de l'Italie avant la venue des Grecs ? De quel canton de la Grèce vinrent ceux qui occupèrent la Lucanie ? A quelle époque ces Grecs en firent-ils la conquête ? Et combien de tems la conservèrent-ils ? A quelle époque les Romains s'en rendirent-ils les maîtres ? Quelles furent les causes de la décadence de cette riche et belliqueuse colonie ? Et par quelle fatalité ces Villes, et particulièrement Pæstum et son territoire, tombèrent-ils du plus haut point de splendeur et de gloire où ils étaient parvenus, pour devenir un désert insalubre privé de toute communication, et rester inconnus et presqu'entièrement oubliés pendant tant de siecles ?

Telles sont les questions qui se présentent naturellement, et dont la solution serait infiniment intéressante, sur-tout par rapport à l'origine et à l'histoire de la ville de Posidonia, qui, à en juger par la magnificence de ses Edifices publics dont les Ruines commandent l'admiration, et où l'on remarque le goût et le caractère de la plus belle Architecture, devait être très-opulente, et tenit un rang très-distingué parmi celles de la Grande-Grèce. Mais le silence de l'histoire sur les points intéressants que nous venons de présenter, ne nous permettant de dire rien de neuf sur aucun d'eux, et particulièrement sur Posidonia ou Pæstum, nous allons nous borner à rapporter sans passion ce que les Ecrivains qui nous ont précédés, en ont dit de plus satisfaisant pour nos

Lecteurs, d'après les Historiens anciens, et d'après les Voyageurs modernes.

L'anonyme Anglais, Dumont, Thomas Major et Paoli, ne peuvent pas toujours fournir des matériaux certains pour les détails d'Architecture; mais la partie historique de leurs ouvrages, fondée sur l'autorité des Anciens, est infiniment précieuse. Nous y avons puisé, ainsi que dans d'autres écrits, tout ce qui nous a paru devoir jetter quelques lumières sur les questions que nous avons posées plus haut. Nous avons tâché d'assembler et de lier entr'eux les divers renseignements qu'ils ont donnés, de maniere à faire un ensemble simple, suivi et satisfaisant.

L'Italie, dans les tems les plus anciens, était connue sous divers noms, à ce que nous apprend Virgile (1) : et Servius son commentateur remarque qu'on l'appelloit *Ausonie*, *Hesperie*, *Saturnie*, et *Vitalie*. Il y a apparence que ses premiers habitants furent des émigrés de l'Orient, qui longeant la Méditerranée, s'étaient établis sur ses côtes et dans ses îles.

Ceux qui abordèrent en Italie furent désignés sous les noms d'*Ombriens*, de *Sicules*, de *Sabins*, d'*Ausoniens*, d'*Opiciens*, et d'*Osciens*. Strabon nous apprend que de ceux-là descendirent les *Picentins* et les *Samnites*, d'où vinrent les *Lucaniens*.

Long-tems après, plusieurs colonies Grecques, sous la conduite de différents Chefs, s'emparèrent des côtes maritimes de l'Italie, obligèrent les anciens habitants, Lucaniens, et autres, qu'ils appellèrent du nom général de *barbares* (2), de les abandonner et de se retirer dans l'intérieur du pays.

Fixés le long des côtes, ces Grecs y bâtirent des Villes qui devinrent florissantes, et eux-mêmes ensuite furent si célèbres par les Arts, par les Sciences et par les Armes, qu'ils eurent l'orgueil d'appeler du nom de Grande-Grèce, les contrées dont ils s'étaient successivement emparés.

Les *Crotoniates*, les *Locriens*, les *Sybarites*, les *Caleniens*, les *Metapontins* et les *Tarentins*, furent les principales colonies de l'Ancienne-Grèce, qui vinrent s'y établir.

L'Auteur le plus ancien qui nous fournisse quelques détails sur ces établissements des Grecs, dans l'Italie, est le géographe *Scymnus* de Chio : il vivait environ 90 ans avant l'Ere chrétienne. En parlant des habitants de l'Italie, il dit, » Après ceux-là vinrent les *Œnotriens*, qui s'étendent jusqu'à Posidonia, » où l'on prétend que les Sybarites conduisirent autrefois une colonie.

Solin dit (c. VIII. 2.) que la ville de *Posidonia* avait été bâtie par des

---

(1) Æn. L.VIII, 329, *Sæpius et nomen posuit Saturnia tellus.*
(2) Le mot *Barbare* dans son origine, était moins un terme de mépris qu'un simple nom, par lequel les Grecs désignaient les habitants dont l'ancienne Grèce n'était pas la Patrie.

Doriens, que l'on croit être venus directement de la Grèce. C'est ce que confirme Strabon, lorsqu'il s'exprime ainsi, (3) « Après les peuples de la Cam-
» panie, vinrent les *Samnites* et les *Picentins* que les Romains établirent dans
» la baye de Posidonia, nommée à présent la baye de Pæstum, d'après le nom
» de la Ville qui est située au fond de cette baye. Les Sybarites y ayant bâti
» une muraille qui s'étend jusqu'à la mer, obligèrent les habitants de se retirer
» plus avant dans les terres ».

Nous pouvons conclure de ce récit de Strabon, que les Sybarites avaient trouvé dans cet endroit une Ville déja bâtie, mais qu'ils avaient été les premiers qui l'eussent entourée de murailles, et qu'en conséquence cette Ville devait, suivant toutes les apparences, aux Sybarites et son éclat et sa magnificence. Que les habitants trouvés à Pæstum fussent donc des Doriens venus de Phénicie ou de Grèce, ou des Lucaniens descendus des anciens Œnotriens, il n'y a pas lieu de supposer que, s'ils avaient été assez puissants et assez riches pour élever des édifices magnifiques, tels que ceux dont les Ruines se voyent encore à Pæstum, ils les eussent laissés et abandonnés sans défense au premier ennemi qui se serait présenté pour s'en emparer.

Nous pouvons regarder l'histoire des Sybarites comme étant encore en quelque maniere celle de *Posidonia* : et cette considération nous engage à mettre sous les yeux du Lecteur, quelques passages qui se trouvent épars dans divers Auteurs, et qui regardent leur Ville.

La ville de Sybaris située au fond du golfe de Tarente, fut d'abord habitée par une colonie d'Achéens et de Trœzéniens réunis (4) : leur union ayant été de peu de durée, ces derniers furent chassés par les premiers (5).

Ces Achéens étendirent à un tel dégré et leur puissance et leur territoire, qu'ils devinrent un des Etats le plus considérable de la Grande-Grèce. Ils dominaient sur quatre Puissances voisines, et avaient vingt-cinq Villes dans leur dépendance.

Il y eut même un tems où ils furent en état de lever une armée de trois cents mille hommes, et de marcher contre les *Crotoniates*, leurs voisins et leurs ennemis.

Nous n'avons que peu de détails historiques sur les Sybarites depuis leur premier établissement jusqu'à cette époque, qui bientôt fut suivie de celle de

---

(3) Strabon, L. V, pag. 251.
(4) Aristote, Polit. L. V, c. 3.
(5) Ne seroit-ce point ces Trœzéniens qui, ainsi chassés de chez eux, se seraient retirés vers la baye de Pæstum, et y auraient bâti la ville de Posidonia. Strabon dit, L. VIII, p. 373, que Trœzene s'appelloit autrefois Posidonia, et que ses habitants avaient une vénération particulière pour Neptune. Les Médailles trouvées à Pæstum, (voyez Planche XIII) et les ornements en relief qui se voyent sur la clef de la porte (v. même Planche) portent à croire que Neptune et les Sirènes étaient les dieux tutélaires de cette Ville.

leur entière destruction. Les anciens Auteurs ne nous ont transmis que quelques traits singuliers de leur molle délicatesse. Ils offroient des récompenses et des honneurs à ceux qui avaient donné les repas les plus somptueux, ou qui avaient inventé quelques mets nouveaux et délicats. On invitait long-tems à l'avance à ces repas délicieux, afin que les Dames sur-tout eussent le loisir de se faire faire des habits dont l'élégance répondît à ces importantes occasions. Un Sybarite, invité à un repas chez un Lacédémonien, fut si rebuté de la grossiereté des mets, qu'il dit qu'*il ne s'étonnait pas si les Spartiates faisaient de si bons soldats, puisque la mort était à la vérité préférable à une telle vie.*

Arrivés à ce haut point de mollesse, les Sybarites se brouillèrent avec leurs voisins les Crotoniates, et firent marcher contre eux trois cents *mille hommes* qui furent entiérement défaits. Il s'en fit un carnage affreux ; les vainqueurs passèrent au fil de l'épée, tous ceux que la fuite n'avait pu sauver ; ils achevèrent la ruine de ces peuples par la désolation de leur Capitale qu'ils inondèrent, en y faisant répandre les eaux de la riviere.

Ceux des Sybarites que la fuite avaient sauvés, tentèrent peu après de retourner dans leur malheureuse Ville ; mais ils n'y jouirent pas long-tems de la tranquillité : les Crotoniates les en chassèrent de nouveau.

Ils s'adressèrent alors à leur ancienne Patrie, l'Attique, pour en obtenir des secours ; on leur envoya des vaisseaux et de nouveaux colons. Ceux-ci ne s'établirent pas dans la premiere Ville, ils en bâtirent une nouvelle, peu éloignée de l'autre, à laquelle ils donnèrent le nom de *Thurium*.

Mais l'esprit toujours inquiet des anciens Sybarites les rendant fort incommodes à leur nouveaux alliés, ceux-ci les traitèrent comme ils avaient eux-mêmes traité les Trœzéniens, et ils furent enfin chassés pour jamais de leur ancienne demeure (6).

Il est probable que ce fut vers ce tems-là qu'une colonie de ces peuples s'empara de Posidonia, et sans doute y apporta ce que les Arts des Sybarites pouvaient offrir de plus ingénieux ou de plus voluptueux et délicat. Pendant plus de deux cents ans elle y jouit, autant qu'on peut le conjecturer, du bonheur et des aisances de la vie. On pourait sans doute, avec raison, donner à cette période le nom d'âge d'or de la Grande-Grèce. Ces avantages étaient

---

(6) Les guerres des Sybarites avec les Crotoniates, eurent lieu vers le tems où Pythagore vint en Italie, sous le regne de Tarquin le Superbe, (Cicéron, Tusc. I. 16. V. I.). Ce Philosophe ayant ouvert une école dans la Grande-Grèce, il s'y acquit tant de considération, que durant plusieurs siécles après lui, l'on ne passoit pas pour savant si on n'était Pythagoricien. On peut rapporter ceci à la 62.ᵉ Olympiade, où à l'an de Rome 220, environ 520 ans avant l'Ere Chrétienne, et regarder l'entière destruction par les Crotoniates, comme étant arrivée peu après cette époque.

dus à la discipline, aux loix (7) et aux exemples louables de Pythagore et de ses disciples, au nombre desquels étaient les Lucaniens.

L'heureuse tranquillité dont ces peuples jouirent pendant long-tems, fut enfin troublée vers l'an de Rome 360, par le trop fameux héros de ce siécle, *Denis*, Tyran de Syracuse. Après avoir chassé les Carthaginois de la Sicile, il forma le projet de tomber sur ses voisins, les Grecs d'Italie. *Denis* étant passé en Italie, fit alliance avec les *Lucaniens*, remporta plusieurs victoires sur les autres états de la Grande-Grèce, qui avaient réuni toutes leurs troupes, et formé une ligue *pour faire* face *à l'ennemi commun*. Au milieu de ses victoires, dont il n'eut pas le tems de tirer tout l'avantage qu'il s'en promettoit, *Denis* se vit obligé de retourner en Sicile, et de laisser les Grecs ainsi affaiblis, joûter avec un ennemi encore plus opiniâtre et plus redoutable, avec les *Aborigenes*, anciens habitants du pays. Ceux-ci jaloux, d'un côté, de la puissance des Romains qui s'agrandissaient chaque jour, et de l'autre, de celle des Grecs, prirent la résolution de réunir tous leurs efforts pour maintenir leurs droits, et conserver leur ancienne liberté. Ce fut vers *l'an de Rome 413*, que commença entre les Samnites et les Romains, cette célèbre guerre qui fut pendant 70 ans comme un flux et reflux de victoires et de défaites.

A peu près vers ce tems-là, les *Brutiens* et les *Lucaniens* attaquèrent les états Grecs ; Posidonia tomba bientôt au pouvoir de ces derniers (Strabon L. VI, p. 254). Cependant quelques *Posidoniens* restèrent dans la Ville avec la permission des vainqueurs, et même y instituèrent une cérémonie anniversaire, qui consistait à gémir et à déplorer ensemble la perte de leur ancienne liberté.

Après la prise de Posidonia, les autres Villes grecques en Italie, formèrent une Confédération générale pour s'opposer aux entreprises des *Lucaniens*, qui suspendit réellement l'exécution de leurs projets ambitieux. Mais dans la 87.e Olympiade, les usurpateurs soutenus des forces de *Denis*, Tyran de Syracuse, leur allié, assiégèrent la ville de Thurium (Sybaris des anciens). Les Grecs en conséquence de la ligue qu'ils avaient formée, réunirent leurs forces et marchèrent au secours de Thurium, mais mis en pleine déroute par les *Lucaniens*, ils laissèrent 10, 000 hommes sur la place.

Encouragés par de tels succès, les *Lucaniens* s'emparèrent de plusieurs Villes de la Grande-Grèce, et ne tardèrent pas à se rendre maîtres de *Crimissa* en Calabre, et de *Metapontum* dans la baye de Tarente.

---

(7) La renommée de ces loix étant parvenue jusques à Rome, le Sénat envoya des Ambassadeurs dans la Grande-Grèce pour les recueillir. Cette renommée paroit non-seulement des *Locriens* et des *Thuriens*, mais encore des habitants de Velia, patrie de *Zénon* et de *Parmenides*, disciples de Pythagore, voisine de Posidonia, et située dans la même Baye.

Les Grecs alors appellèrent à leur secours *Alexandre*, Roi d'Epire, oncle d'Alexandre-le-Grand. Il assiégea Posidonia dans la 224.ème année de Rome, mais il la trouva si bien fortifiée, que malgré l'avantage de deux batailles gagnées sur les *Lucaniens*, il fut obligé d'en lever le siège. Cette Ville ainsi délivrée, resta au pouvoir des Lucaniens jusqu'à la 480.ème année de Rome.

Cependant les Etats Grecs, jaloux de l'agrandissement de la puissance Romaine, et dans l'espoir de la restraindre, invitèrent *Pyrrhus*, Roi d'Epire, à venir à leur secours. Il poussa la guerre avec vigueur pendant six années, conjointement avec ses alliés tant *Grecs* que *Barbares*; mais il fut enfin défait sans ressource, l'an de Rome 478. Cette victoire fournit aux vainqueurs un triomphe, accompagné d'une circonstance remarquable. Les Eléphants que Pyrrus avait fait passer en Italie à la suite de l'armée, les riches dépouilles des Villes grecques, les captifs de nations différentes, *Epirotes*, *Thessaliens*, *Macédoniens*, *Brutiens*, *Lucaniens*, *Samnites*, *Tarentins*, offrirent dans leur ensemble un spectacle éclatant, dont les yeux des Romains n'avaient jamais été frappés jusqu'alors.

Les conséquences de ces succès et de ce triomphe, furent l'entière réduction des divers états d'Italie sous la puissance de Rome. Leurs Villes furent, ou rendues municipales, ou obligées de recevoir des colonies *Romaines*.

Ce fut la 480.ème année de *Rome*, que les Romains s'emparèrent de *Posidonia*, pour se venger de ce que ses anciens habitants avaient osé fournir des secours contre eux. C'est par cet événement que Posidonia prit le nom de *Pæstum*, qui lui fut donné par les Romains, et reçut d'eux, un an après, le titre de Ville municipale.

Depuis cette époque jusqu'à la bataille de Thrasimène où *les Romains* furent défaits par Annibal, c'est-à-dire, pendant 56 ans, l'histoire ne parle plus de Pæstum; mais six ans après cette défaite, elle rapporte un trait qui fait honneur aux Pæstoniens. Les ressources de Rome étaient épuisées par la guerre Punique; les Pæstoniens s'empressèrent d'y envoyer quelques coupes d'or et d'autres vases précieux : mais l'esprit altier des Romains qui n'était pas encore assez humilié, leur fit refuser avec orgueil et fierté, ces présents offerts généreusement par une de leurs colonies.

En 541, quatre ans après la bataille de Cannes, la République se vit forcée pour subvenir aux besoins les plus urgents de l'Etat, de reclamer l'assistance de ses colonies, qui étaient au nombre de trente. Vingt refusèrent toute espece de secours, mais les dix autres dont *Tite-Live* rapporte les noms avec éloge, et au nombre desquelles la ville de Pæstum se trouve comprise, fournirent des hommes

hommes et de l'argent à la République, ce qui leur valut de la part du Sénat et du peuple Romain, des témoignages publics de reconnaissance.

Depuis ce tems jusqu'aux regnes d'Auguste et de quelques-uns de ses Successeurs, l'histoire se tait de nouveau sur le sort de Pæstum. Cependant nous n'ignorons pas que les Virgile, les Horace, les Properce, les Ovide, les Martial et d'autres Poëtes, qui ont vécu sous ces Empereurs, ont chanté à l'envie la beauté des Roses qui fleurissaient deux fois l'an à Pæstum et dans ses environs, avec une merveilleuse abondance (8).

Parmi les hommes célèbres nés à Posidonia, on remarque (Jamblicus, de vita Pitha.) *Athamas*, *Simus*, *Proxenus*, *Cranias*, *Myctes*, *Bathilaüs* et *Phædo*, tous disciples de Pithagore. On compte encore *Parmenides*, qui remporta le prix *dans le stade d'Athênes en la* 78.eme *Olympiade*. Il ne faut pas le confondre avec le fameux Philosophe du même nom dont il est parlé plus haut, et dont *Velia* fut la patrie. Suivant Suetone, le Sénateur C. *Terentius Lucanus*, qui affranchit le Poëte comique *Térence*, et qui étoit frere de *Terentia*, épouse de Cicéron, naquit aussi à Posidonia. C'est ce *Sénateur*, (Pline, Hist. nat. L. 35. c. 7.) qui *le premier exposa en public des tableaux représentant des combats de Gladiateurs.*

Tels sont les détails que nous avons pu rassembler sur l'ancien état de Pæstum, jusqu'au tems d'Auguste. Depuis son regne jusqu'à l'invasion des Sarrazins en Italie, à peine le nom de cette Ville se retrouve-t-il dans l'histoire, ce qui fait plus de huit siécles de silence sur ce qui la regarde.

Au reste les Sarrazins après avoir conquis l'Afrique et l'Espagne, s'emparèrent de la Sicile vers l'an 820 de l'Ere chrétienne. Vingt ou trente ans après, profitant de la guerre civile qui s'était allumée entre les états d'Italie vers 850, quelques-uns de ces Barbares passèrent de la Sicile dans la Calabre et en Lucanie, et s'établirent dans différentes parties de ces deux Provinces, mais particuliérement dans Acropolis, ville voisine de Pæstum. Delà faisant des excursions, ils ravageaient les contrées voisines.

En 866 *Docibilis*, Duc de Gaëte, harcelé sans cesse par Pendenolphe, Seigneur de Capoue, et ne pouvant résister seul à cet ennemi, implora le secours des Sarrazins d'*Acropolis*. Le remédé devint pire que le mal. Ces Barbares, qui s'étaient embarqués en grand nombre à S^t. Athanase près de Fundi,

---

(8) Les Anciens ne manquaient jamais de faire valoir les plus petits avantages dont jouissaient les heureuses contrées qu'ils habitaient. En cela nous ne les imitons point, car presque toute la France ignore encore que dans un Village près Paris, une immense quantité de Rosiers à cent feuilles s'y cultivent, non dans des jardins, mais en pleine campagne, et fleurissent dans les quatre Saisons : et aucun de nos Poëtes n'a célébré jusqu'ici Fontenay-aux-Roses, ni chanté ses brillantes et suaves productions.

descendirent près Formia, et campèrent sur les hauteurs. Ensuite se dispersant le long des rives du Garigliano, ils exercèrent pendant 50 années les vexations les plus odieuses. Elles devinrent si insupportables, que pour se débarrasser de voisins aussi incommodes, *Anthenolphe*, Comte de Capoue, eut recours à *Constantin* VIII, Empereur d'Orient. Aux troupes qu'il envoya, se joignit un corps considérable de Grecs, auquel se réunirent les troupes du Pape *Jean* X, de *Guaimard*, Prince de Salerne, de *Grégoire*, Duc de Naples, et de *Jean*, Duc de Gaëte. Ces différents corps ayant formé entr'eux une ligue formidable, ils attaquèrent les Sarrazins l'an 915, les battirent à toute outrance, en firent un affreux carnage, et forcèrent le peu qui avaient échappé à la mort, d'abandonner le pays.

Cependant les Sarrazins, restés en posesssion d'*Acropolis*, épouvantés par l'horrible catastrophe que venaient d'éprouver leurs compatriotes, résolurent d'abandonner cette Ville et même de quitter entièrement la Sicile, et de se retirer en Afrique : mais avant d'exécuter leur projet, *ils voulurent piller* la ville de Pæstum dont *ils étaient voisins*. En effet, vers le milieu de la nuit ils surprirent la Ville et s'en rendirent maîtres : ils la saccagèrent et y mirent le feu, qui la détruisit presqu'entièrement.

Il restait cependant encore des traces de l'ancienne magnificence de Pæstum, lorsqu'en 1080, *Robert Guiscard* acheva de détruire ce que la flamme et les Barbares avaient même épargné. Emporté par un zèle pieux, il fit fouiller jusqu'aux ruines de cette malheureuse Ville, démolir les anciens Edifices, dépouiller les Temples de leurs ornements, et enlever quantité de colonnes de verd-antique. Tous ces débris précieux furent transportés à Salerne, où ils servirent à la construction d'une Eglise qui fut bâtie sur le lieu même où l'on prétendait que les ossements de S^t. Mathieu avaient été trouvés. C'est ainsi que le zèle aveugle d'un Catholique, et la piété mal-entendue d'un Chrétien, accroissent et multiplient les ravages des flammes et des Barbares.

Quoiqu'il en fût, du milieu de ce monceau de cendres, de ruines et de débris, on vit sortir et s'élever une nouvelle Ville sous le nom de Pesti qui subsista environ 500 ans, mais dans un état de langueur et de dépérissement. Ses habitants, occupés du soin de complaire à leur Vainqueur et à leur Tyran dont ils avaient embrassé la religion, ayant négligé de curer et de réparer les anciens canaux ainsi que les aqueducs, et les cérémonies sans nombre auxquelles leur nouveau culte les avait contraints de s'assujettir, leur ayant fait abandonner la culture des terres, leurs descendants furent forcés de quitter une Ville où ils étaient privés d'eaux potables, où ils étaient sans cesse tourmentés par les exhalaisons malsaines de marais fangeux, et où d'ailleurs ils ne trouvaient point assez de subsistances. Ce fut en 1580 qu'ils quittèrent ce séjour si peu fait pour les retenir, et allèrent s'établir sur la montagne voisine, dans la petite Ville de Capaccio, où leur Evêque fixa définitivement le Siége épiscopal.

Depuis cette époque, les Ruines de Pæstum ne paraissent plus avoir été visitées, et sont demeurées dans l'oubli jusqu'en 1745. Le premier Auteur moderne qui en parle alors, est le Baron Joseph Antonini, dans son ouvrage sur la Lucanie (part. II. disc. III. pag. 220.) publié à Naples en 1745 et an. suiv. Les détails qu'il donne sur ces Ruines ne permettent point de douter qu'il ne les eut visitées. Ainsi donc l'histoire de ce jeune Peintre Napolitain, à qui Grosley (9) et d'autres attribuent l'honneur de leur premiere découverte en 1755, est une fable, puisque dix ans auparavant le Baron Antonini avait publié des détails sur Pæstum et sur ses Ruines. Au reste depuis ce tems, beaucoup de Voyageurs, d'Artistes, d'Amateurs et de Curieux ont été les voir et les admirer.

Tous les ouvrages qui existent sur les Ruines de Pæstum, prouvent que le premier qui les ait mésurées et dessinées est un Français ; et cette gloire est dûe à J. G. Souflot, célèbre Architecte, Auteur de la Basilique de S.te Génevieve, aujourd'hui le Panthéon. Ses dessins, il est vrai, exécutés dès 1750, ont été long-tems conservés dans son porte-feuille, et n'ont été publiés à Paris qu'en 1764 par Dumont, Professeur d'Architecture.

L'anonyme Anglais à qui l'on doit ces mêmes Ruines qui ont vu le jour à Londres en 1767, en annonçant dans sa Préface qu'*il ne joint point de détails, parce que le Comte de Gazola qui venait de faire mesurer et dessiner les monuments de Pæstum, les publierait incessamment*, apprend donc par là, que le Comte de Gazola est le second qui les ait mesurés et dessinés (10).

Quant à Thomas Major qui est le troisiéme des Auteurs qui aient publié les Ruines de Pæstum, et dont l'ouvrage a paru à Londres en 1768, s'il est douteux qu'il soit allé sur les lieux, on croit pouvoir assurer, du moins, qu'il n'y a mesuré aucun des monuments qui y existent encore.

Voilà tout ce que nous avons pu recueillir dans les Auteurs tant anciens

---

(9) Dans ses mémoires, ou observations sur l'Italie et les Italiens sous le nom de deux Gentils-hommes Suédois, il dit tome III, pag. 87, qu'un jeune Peintre Napolitain étant en 1755, en vacance à Capaccio, se hazarda dans ses courses de dépasser les limites battues ; et que s'étant approché des colines voisines, il apperçut de là sur le bord de la mer, des Ruines d'édifices, des murailles et des rues : spectacle étonnant autant que nouveau pour lui. Que de retour à Capaccio, il fit part de ses découvertes à son Maître, qui quelques tems après alla avec lui sur les lieux, dont ils dessinèrent les principales Vûes.

(10) L'ouvrage du Comte de Gazola, Commandant de l'artillerie du Roi de Naples, n'a été publié qu'en 1784, à Rome, par le Pere Paul-Antoine Paoli, avec des dissertations fort savantes en Latin et en Italien.

que modernes, pour faire connoître à nos Lecteurs l'origine, la splendeur et la décadence de la ville de Pæstum. Cependant ils trouveront encore quelques éclaircissements importants sur plusieurs points de sa décadence, dans la description topographique contenue au Chapitre suivant (11).

(11) Nous donnerons notre sentiment sur l'époque de la construction des édifices de Pæstum dans un Chapitre particulier. Nous avons pensé qu'on ne pouvait bien se pénétrer de notre opinion, qu'après avoir acquis une connaissance parfaite de ces monuments, ayant pris pour base de notre jugement le caractère qui les distingue. En conséquence nous avons reporté ce que nous avons à en dire au Chapitre dixieme, où nous faisons la comparaison des Edifices de Pæstum avec ceux d'Athenes et de Rome.

CHAPITRE

CHAPITRE DEUXIEME.

Description topographique de Pæstum et de ses environs.

Les Ruines de l'ancienne ville de Pæstum sont situées dans le golfe de Salerne, (voyez la Planche premiere), à vingt-deux lieues de Naples, dans une plaine vaste et montueuse, terminée au Nord par le fleuve *Silarus*, aujourd'hui *Sélé*, et par le mont *Alburnus*; à l'Est, par les petites montagnes de *Capaccio*, de *Trantanaro* et de la *Reduta*; au Sud, par le fleuve *Accius*, aujourd'hui *Solfone*; à l'Ouest, par une plage extrêmement basse, que la mer baigne, et qu'elle éleve successivement par les sables qu'elle y décharge.

Pour arriver à Pæstum, c'est ordinairement à *Evoli*, petite Ville à vingt lieues de Naples, qu'il faut abandonner la grande route de Salerne à Marsico. Prenant ensuite une direction Sud-sud-ouest, et marchant toujours sans chemin décidé, tantôt sur des terreins pierreux, tantôt sur des terres grasses et fangeuses, puis sur un sol de sable mal-assuré, on arrive à la *Scafa*, petite maison située sur les bords du *Sélé*. Là s'est établie une famille hospitalière, occupée à la culture de quelques terres situées entre elle et *Varizio*. Cette famille, en accueillant les Voyageurs qui fréquentent actuellement Pæstum, leur fait passer le fleuve dans un bac qu'elle y a établi. Une fois passé, on entre alors dans la plaine de Pæstum, à un myriamètre des Ruines de la Ville, qu'on apperçoit même de cet endroit.

Cette plaine est traversée du Nord au Sud par le *Salsum*, aujourd'hui *Salso*, petit ruisseau qui dans sa course rapide vient baigner les murs de la Ville au Sud, et de-là va se perdre dans la plage, où se divisant en plusieurs branches, il mêle ses eaux pétrifiantes aux eaux saumâtres et sulfureuses du *Solfone*.

Ces divisions du *Salso* et du *Solfone*, en un nombre infini de branches, sont causées par les amas de sable que la mer accumule dans sa tourmente. Ces amas (1) ont formé sur le bord de la mer une espece de digue, qui se prolonge depuis Acropolis jusque vers Salerne, et empêche ainsi l'écoulement des eaux des rivieres, non seulement du *Solfone* et du *Salso*, mais encore de celles de la source abondante de la *Lupata*, qui sort du pied même du mur de la Ville à l'Ouest, et enfin de trois autres sources pétrifiantes qui naissent

---

(1) Cette espece de digue est élevée de quelques mètres, et fait paraître le sol de la ville de Pæstum plus bas que celui de la plage : ce n'est qu'en s'assurant par l'observation et la mesure, qu'on le trouve d'un mètre et demi plus haut que la plage, et de cinq mètres au-dessus du niveau de la mer.

dans la plage même près la tour dite *de Pæstum*. Le fleuve *Sélé* a été lui-même si fortement encombré à son embouchure, que, réfluant sur lui-même, il a formé depuis deux siecles le fameux marais dit *eaux-mortes* de Sélé. Cet encombrement a fait presqu'entiérement disparoître le port *Alburnus* dont on ne voit plus que quelques ruines, qui semblent pour ainsi-dire croître et sortir du sable qui les couvrent. Au milieu de ces ruines s'élève la tour de *Sélé*, tour construite au tems des guerres du Bas-Empire. On en voit encore deux autres semblables sur la même plage, l'une dite *de Pæstum*, dont on vient de parler, située près les sources pétrifiantes, et l'autre dite *de S.ᵗ Marc* près d'Acropolis, à côté du chemin de Vélia.

Cette plage ainsi élevée et s'opposant au *cours naturel* des rivieres et des sources, les force, comme nous venons de le dire, de *répandre leurs* eaux dans la plaine, et plus particuliérement dans les environs de la Ville, où elles forment plusieurs marais fangeux et pétrifiants, tels que la mare d'eaux-mortes dite *Lac-zoso*, et le marais de la *Paglieta* au Sud; au Nord, celui nommé *Fiumarillo*; et à l'Ouest, celui formé par la source de la *Lupata* : ce qui faisant de presque toute la circonférence extérieure de l'enceinte de la Ville, un marais fangeux et mal-sain, a été vraisemblablement la premiere cause de la désertion totale de la Ville en 1580 (2).

Tout le reste de la plaine est coupé par les vallées sinueuses du *Salso* et du *Solfone*, et par de petits monticules qui joints à quelques maisons rurales et de plaisances qu'on apperçoit de distance en distance, en rendent l'aspect assez agréable. Il y manque pour être parfaitement délicieux, quelques bouquets d'arbres épars çà et là, et quelques parties cultivées, qui lui ôteraient le ton frappant de la monotonie qui fait son caractère (3).

Ce n'est que dans le lointain qu'on voit de la verdure et des paysages riants; mais cet éloignement en détruit tout le charme.

Le tableau le plus intéressant, et qui vraiment est grand et majestueux, c'est celui que présente l'assemblage et la réunion de tous les monticules de la plaine qui, s'élevant insensiblement les uns au-dessus des autres, vont s'unir aux montagnes de Capaccio, lesquelles s'élevant encore vont accoter le pied des montagnes de la Lucanie, qui elles mêmes sont couronnées par la plus haute de cette

---

(2) Les Anciens avaient remarqué que le séjour de Pæstum était mal-sain : Strabon en accuse les eaux stagnantes du voisinage. C'est sans doute à force de travaux et de soins, et au moyen de canaux multipliés, que les Grecs et les Romains s'étaient garantis des vapeurs mal-saines des sources et des rivieres, et sur-tout des exhalaisons morbifiques des marais, dont parle Strabon, Liv. V, pag. 251.

(3) Il ne croît en général dans cette plaine que des joncs, des roseaux et d'autres plantes aquatiques, à l'exception de quelques bruieres et chardons, qui servent de nourriture aux buffles qu'on y fait paître.

contrée (4). Tel est l'effet qu'offre la troisieme vue de la deuxième Planche de notre Ouvrage.

Tous les chemins que nous avons indiqués sur la Carte des environs de la ville de Pæstum, Planche premiere, et qui conduisent de la Ville aux environs, sont plutôt les traces des routes que nous avons suivies, que des chemins réels, car il n'y a guère de chemin tracé que celui de la *Scafa* à Pæstum : il paroît être le plus fréquenté. On le distingue, et on peut le suivre d'un bout à l'autre, sans le perdre. On rencontre à droite et à gauche quelques portions de terrein cultivé probablement par les habitants de la *Scafa* et ceux de *Varizio*, ou par les gardiens des buffles, qui habitent des cabanes construites en terre, dans l'enceinte de Pæstum.

Les autres chemins sont presque tous détruits, ou peut-être n'ont-ils jamais été décidément arrêtés. On distingue cependant plus particuliérement celui qui sort de Pæstum par la porte de l'Est, dont une branche conduit à *Capaccio neuf*, et l'autre à *Spinazzo*, et de-là à *Acropolis* et *Vélia*.

En venant à Pæstum par le chemin de la *Scafa*, à un kilomètre avant d'entrer dans l'enceinte de la Ville, on voit à gauche le marais *Fiumarillo*, et à droite quelques troncs de pins et de chênes verds, dont plusieurs portent encore des restes de leur antique branchage. C'est là qu'étoit, dit-on, le bois sépulcral, où probablement ont été trouvées les Urnes dessinées et décrites par Paoli, et que l'on voit encore dans l'Eglise de Salerne. Delà on distingue parfaitement bien l'enceinte de la Ville, au-dessus de laquelle s'éleve le faîte des Edifices qu'elle renferme.

Cette enceinte dont le centre est à deux kilomètres et demi de la mer, est de forme oblongue angulaire, et rétrécie dans la partie de l'Ouest (5). Elle peut avoir dans sa plus grande dimension, de l'Est à l'Ouest, un kilomètre et demi, et dans sa plus petite, du Nord au Sud, un kilomètre. Cette enceinte est fermée par de grosses murailles en partie ruinées, qui ont encore de quatre à sept mètres de hauteur, et presque par-tout, trois mètres d'épaisseur. De grosses tours carrées flanquent chaque angle des murs de la Ville, avec plusieurs autres intermédiaires entre celles-là et les portes.

Il existe encore une porte toute entière P à l'Est (6), et une autre M dont la voûte est absolument ruinée. Deux interruptions dans les murailles, l'une A au Nord, et l'autre I au Sud, font présumer qu'il y avait des portes en ces

---

(4) Peut-être est-ce au pied de cette montagne que Spartacus fut vaincu par Crassus. *Plutarque, vie de Crassus.*

(5) Voyez le plan des environs de Pæstum, et le plan particulier de la Ville, Planche premiere.

(6) Voyez le plan et les vues de cette porte, Planches XIII, figures A, B et C.

endroits : ce qui aurait donné quatre portes à l'enceinte de la Ville, dont le circuit est de quatre kilomètres et demi.

On entre dans cette enceinte, en venant de la *Scafa*, par l'interruption A. Le chemin qui se voit le mieux, et que l'on suit plus naturellement, est celui à gauche qui conduit à la vieille Eglise C, à laquelle est adossée une maison en très-mauvais état dite *maison de l'Evêque* (7). De cette maison en dirigeant ses regards à l'Ouest, on a à vingt décamètres devant soi un édifice B, formé de colonnes, et près duquel se trouve une cabane R, servant de retraite aux gardiens des buffles. En suivant le même chemin vers le Sud, on rencontre une cabane D, plus grande et mieux construite, qui sert d'abri pour les chevaux et les conducteurs des Voyageurs. On apperçoit tout près de-là, en regardant à l'Ouest, une multitude prodigieuse de Ruines de peu *d'élévation sur des plans différents* : celles E d'un Amphithéâtre (8), celles S dont nous parlerons à l'art. 2 du Chapitre VIII ; et plus loin, onze fûts de colonnes F, qui paraissent avoir appartenu à un Cirque dont nous parlerons aussi à l'art. 1 du même Chapitre. De ce même lieu, on apperçoit à trente-cinq décamètres au Sud, des Ruines plus importantes. Ce sont celles du monument G à plusieurs rangs de colonnes de huit mètres de haut, et surmontées de frontons sur les deux faces principales ; et celles d'un autre monument H formé aussi de colonnes, mais de moindre hauteur. Ces deux édifices, ainsi que celui B, sont élevés sur trois dégrés d'un mètre et demi de hauteur.

Près de ces deux monuments se trouve la lacune I des murailles. Sans doute il y avait là une porte que nous appellerons celle du Sud. De cet endroit on voit la Ville sous l'aspect présenté par la deuxieme vue de la Planche deuxieme de cet Ouvrage. C'est tout près de-là que le *Salso* baigne les murs de la Ville ; et peut-être est-ce le lit tortueux de ce ruisseau, qui a nécessité le retour arondi et anguleux du mur en cet endroit.

De cette porte ou interruption I, en remontant le mur vers l'Est, on rencontre une tour L, semblable à celles marquées de la même lettre, qui toutes sont ruinées et ne s'élevent pas au-dessus du reste des murs.

A l'angle T est une tour de même construction, que toutes celles K placées aux angles des murs : mais ce qui distingue celle-ci, est une salle dans l'intérieur, dans laquelle on peut parvenir en gravissant les éboulements, et dont la voûte existe encore dans son entier.

---

(7) C'est dans cette maison que logent ordinairement les Voyageurs, et dans laquelle nous avons logé. Voyez la note *I* de l'Introduction.

(8) Voyez la figure D, Planche XIII. Voyez la première et la troisieme vue de la Planche deuxieme, et le plan particulier de la ville de Pæstum, Planche première.

Vers le milieu de la ligne du mur TK, du Sud au Nord, se voit la porte P, dont nous venons de parler, et que nous appellons celle de l'Est. C'est à partir de cette porte qu'est prise la première vue de la Planche IIeme. En sortant par cette porte, on apperçoit à peu de distance de la Ville, des vestiges de constructions Q qui paraissent avoir appartenu à un Aqueduc (9), dont on retrouve encore des restes dans la vallée entre *Capaccio neuf* et *Trantanaro*, où coule en hiver une source de *Solfone*. La suite et le dernier point apparent de cet Aqueduc, se voit encore à droite de la porte P, où vraisemblablement un réservoir peut avoir été construit.

En rentrant dans la Ville, et suivant toujours le même mur, on rencontre une masse énorme de débris O, qui par leur caractère semblent avoir fait partie d'un édifice élevé dans le commencement du seizième siècle, dont nous parlerons à l'art. 4 du Chapitre VIII.

Dans le reste de la circonférence ou de l'intérieur de cette enceinte, nous n'avons plus rien remarqué qui fût digne de piquer l'attention de nos Lecteurs.

Nous n'avons pas parlé des difficultés que l'on rencontrerait (10), si l'on voulait suivre strictement la route que nous venons de tracer. En effet, les débris énormes des constructions, les éboulements des tours et des murs, forment des obstacles que l'on ne franchit pas sans peine : il en est plusieurs de cette sorte, épars sur la surface même de la Ville, qui forment des éminences fort sensibles. Nous avons bien des fois regretté, et nous regrettons encore tous les jours, d'avoir été privés de moyens pour en faire faire le déblayement. Sans doute l'Artiste ou l'Amateur qui entreprendrait ces travaux, serait avantageusement payé de ses peines, et indemnisé de ses dépenses, par les découvertes précieuses qu'il ferait, et qui pourraient contribuer aux progrès des Arts.

Toute la surface intérieure de la ville de Pæstum est généralement sablonneuse ou pierreuse, à l'exception de quelques parties que les gardiens des buffles ont cultivées depuis quelques années avec assez de succès et de profit, pour les encourager, nous ont-ils dit, à continuer leur culture, et même à se construire des cabanes plus commodes.

Il seroit à souhaiter pour les Amateurs des Arts, que ces habitants voulant ainsi se fixer à Pæstum et s'y bâtir des demeures plus solides, il serait à dé-

---

(9) La mauvaise qualité des eaux de toutes les rivieres de cette plaine, ayant sans contredit forcé les Posidoniens à s'en procurer de bonnes, il est très-probable que les montagnes de *Giungano* et de *Trantanaro* leur en fournirent, et que l'Aqueduc, dont il est ici question, les conduisait dans la Ville.

(10) Les insectes et les reptiles qui habitent particulièrement les ruines, sont en très-grande quantité dans celles-ci, et inspirent une telle répugnance aux Artistes, qui ne sont pas encore familiarisés avec ces animaux, qu'ils ne la peuvent surmonter que par le désir et le zèle qu'ils ont de s'instruire.

sirer que plus réservés dans le choix des matériaux qu'ils employeraient, ces habitants prissent la peine de fouiller la terre et d'en extraire les pierres qui y sont ensevelies, et cessassent enfin de démolir pour leur usage d'anciens édifices dignes de respect et d'admiration.

Quel est l'Artiste qui ne formerait pas les vœux les plus ardents, pour qu'un Gouvernement sage, et fier de posséder chez lui les Ruines de Posidonia, donnât des ordres pour repeupler ce désert, et rendre à cette contrée, la splendeur et la gloire qu'elle avait autrefois. Une conduite aussi louable conserverait aux Nations, qui s'intéressent vivement aux Arts et à leurs progrès, les modèles les plus précieux, laissés par l'un des premiers peuples de la terre.

CHAPITRE TROISIEME.

Description du grand Temple.

De tous les édifices de Pæstum, le Temple du milieu, marqué G sur le plan particulier, Planche I.re est celui qui, par la noble proportion de son ordonnance, l'opposition savante de ses détails, présente le plus d'intérêt ; c'est aussi celui sur lequel se portent d'abord les regards de l'Observateur, et qui les retient plus long-tems. C'est encore celui qui est le mieux conservé, et qui, par cette raison, doit fournir une plus grande masse d'observations, et par conséquent, un plus grand nombre de lumieres qui, une fois acquises, faciliteront l'étude des autres édifices.

En conséquence nous avons préféré de commencer par la description de ce monument que nous appellons ici le *grand Temple*, parce qu'en effet son plan occupant une plus grande surface, ses colonnes étant plus grandes, et son entablement existant dans tout son pourtour, ainsi que les deux frontons sur les faces extrêmes, qui sont presqu'entiérement conservés, présentent une masse plus imposante.

ARTICLE PREMIER.

Du Plan, Planche III.

Le grand Temple, Planches III, IV, etc. est un parallélogramme dans la direction de l'Est à l'Ouest, de cinquante huit mètres de long sur vingt-quatre de large (1), formé par trente-six colonnes sans base, de plus de deux mètres de diamètre, lesquelles sont élevées sur trois dégrés d'ensemble un mètre et un tiers de haut, et moins d'un mètre de saillie (2).

Dans chacun des entre-colonnements, sur le sol du dernier dégré, qui forme le sol du portique qui circule tout à l'entour du Temple, on voit des carrés égaux au diamètre des colonnes. Ces carrés sont creusés dans le sol, et ont, quelques-uns, un centimètre de profondeur, et quelques autres, un centimètre et demi environ (3).

---

(1) Nous nous dispenserons dans le cours de cet Ouvrage de relever les erreurs de mesures, qui se trouvent en grand nombre dans les Ouvrages publiés jusqu'ici sur Pæstum. Nous ne voyons pas que ces remarques multipliées seraient d'un grand intérêt pour le Lecteur, qui d'ailleurs peut les faire lui-même, s'il a envie de s'assurer de ces erreurs.

(2) Ce qui fait voir que les Anciens consultaient en Architecture, plutôt l'harmonie des proportions, que l'extrême commodité. Mais aujourd'hui que les Architectes font obéir l'ordonnance de l'Architecture aux *usages* et aux *caprices*, ces dégrés auraient au moins deux mètres de saillie. Quel effet !

(3) Soufflot et Major n'en ont point vus ; et le Pere Paoli, croit que les Architectes du Comte de Gazola les ont vus en saillie. Nous exposerons notre opinion sur l'usage de ces creux à l'article 2 du Chapitre quatrième.

Cet édifice a six colonnes à chacune des faces de ses extrémités, Est et Ouest (4), et quatorze sur les faces latérales, y compris celles des angles.

Nous avons remarqué que, suivant la méthode des Grecs, les entre-colonnements diminuent de largeur, à mesure qu'ils s'approchent des angles. Celui du milieu qui est le plus grand, a 2,495 millimètres de largeur, celui d'ensuite à droite et à gauche, a 2,361, et le troisieme et dernier n'a que 2,248 $\frac{1}{2}$, ainsi que le premier en retour. Tous les autres sur les faces latérales sont égaux ; ils ont, 2,290 (5) : ce qui fait qu'en général les entre-colonnements n'ont pas plus d'un diamètre de largeur.

Les quatre colonnes des angles sont aussi, suivant les principes raportés par Vitruve, d'un diamètre plus fort : elles ont vingt-six millimètres de plus que les autres (6).

Au pourtour de cet édifice est un portique continu, formé sur les faces latérales par le mur du Temple (7), et par les colonnes extérieures. Ce portique est formé sur les faces extrêmes par les six colonnes qui les constituent, et par un rang de deux colonnes et de deux antes, par lequel même on entre sous le double portique, ou vestibule du Temple.

Ce vestibule est formé sur le devant par ces deux colonnes et ces deux antes ; dans le fond, par le mur où se trouve l'entrée du Temple ; et à droite et à gauche, par la continuité du même mur qui vient aboutir et se terminer en s'unissant aux antes des angles.

Le diamètre de ces antes est moindre que celui des colonnes extérieures : il n'est que de 2,015. Ces antes ne diminuent point de diamètre dans la partie supérieure, et leurs quatre faces sont de largeur différente (8).

Nous remarquerons ici que la face qui est à l'Est, nous a paru être la principale ; le portique et le vestibule y sont tous deux plus profonds qu'à la face opposée. C'est encore à cette face de l'Est, qu'à droite et à gauche de l'entrée

---

(4) Nous aurions pu dire que ce Temple est *hexastyle*, *amphiprostyle* : nous aurions paru plus savants, mais nous aurions été moins clairs pour la majeure partie des Eleves. C'est le désir d'être entendu de tout le monde, qui nous a fait supprimer tous ces grands mots qui ne sont clairs que pour les savants. Aussi avons-nous supprimé les mots *dyptère*, *peryptère*, *pseudodyptère*, et disons-nous tout simplement le *portique*, *le vestibule*, *l'intérieur* du Temple, au lieu d'employer les mots *naos*, *pronaos*, *cella*.

(5) La découverte du diamètre extérieur des colonnes, a été le résultat de recherches très-pénibles. Il nous a fallu restaurer en plâtre, sur les parties latérales de leur circonférence, quatre des colonnes de la face extrême, Est, y compris celle de l'angle gauche, et une contigue de la face en retour : et cela d'après les moyens indiqués ci-après à l'article

des colonnes extérieures, moyens qui nous ont eux-mêmes fourni le galbe en entier.

(6) Les Architectes qui ont construit les édifices de Pæstum, savaient donc déja, quoiqu'en dise Paoli, qu'il faut que les colonnes des angles soient *plus* grosses que les autres, pour ne pas paraître plus maigres.

(7) Les teintes fortes dans la gravure de la Planche III, indiquent tout ce qui restent encore du mur. Elles indiquent aussi que toutes les colonnes, tant intérieures qu'extérieures, existent encore à leur place. Les teintes faibles sont ajoutées pour les conjectures motivées que nous détaillerons au Chapitre suivant, où *nous* donnerons également notre opinion sur la question de savoir, s'il y avait des portes aux entrées de cet édifice.

(8) Voyez les figures D et E, Planche IX, qui représentent le plan et le singulier profil de ces antes.

du Temple, se trouvaient les escaliers que nous avons découverts, et qui probablement conduisaient aux tribunes de l'intérieur, que nous prouverons y avoir existées.

Cet intérieur est divisé en trois nefs, par deux files de sept colonnes chacune. La nef du milieu a 4, 503 de largeur ; et les latérales, sur lesquelles étaient les tribunes, n'en ont que 1, 900. Les colonnes qui forment ces nefs, ont 1, 307 de diamètre, sur 5, 839 de hauteur : quatre diamètres un quart à-peu-près. Ces colonnes sont rappelées aux murs des entrées du Temple, par des pilastres de même hauteur. Ces pilastres ne diminuant point, sont ainsi que les antes, dans toute leur hauteur, d'une largeur égale au diamètre inférieur des colonnes (9).

Le sol des vestibules est de 0, 400 plus élevé que celui du portique général, et celui de l'intérieur du Temple, est de 1, 100 au-dessus de celui des vestibules, c'est-à-dire, de 1, 500 plus élevé que celui du portique général.

On peut remarquer ici que les Anciens négligeaient tout-à-fait d'observer que les colonnes d'un second rang s'ajustassent exactement dans la même direction avec celles du premier, car en effet les colonnes et les antes de l'entrée du vestibule ne se trouvent point dans la direction des colonnes des faces, soit extrêmes, soit latérales : ce deuxieme rang n'est même pas, comme nous venons de le dire, sur le même niveau (10).

ARTICLE SECOND.

Des Façades, Planche V.

Les faces extrêmes de cet édifice ont six colonnes, et celles latérales, quatorze, y compris celles des angles. Ces colonnes de 2, 058 de diamètre, ont 8, 732 de hauteur : ce qui leur donne à-peu-près quatre diamètres un quart, à l'exception de celles des angles, qui étant plus fortes, comme nous l'avons dit à l'article précédent, n'ont pas tout-à-fait quatre diamètres. Les trois dégrés, dont nous avons parlé en décrivant le plan, leur servent de soubassement général dans tout le pourtour de l'édifice. Un entablement complet, architrave, frise et corniche, couronne ces colonnes dans toute la circonférence du Temple. La hauteur de cet entablement étant de 3, 665, égale donc à-peu-près les trois septiemes de la hauteur des colonnes. Sur les faces extrêmes, cet entablement

---

(9) Voyez le chapiteau de ces pilastres, Planche IX fig. E.
(10) Nous pensons au contraire que ce sont là des traits de génie, ou les fruits d'une longue expérience. Car certainement l'élévation du sol et la diminution du diamètre et des entre-colonnements sur un deuxieme rang, deviennent très-avantageuses à l'effet perspectif. Nous avouerons même qu'il nous a semblé que cette magie grandissait considérablement, en apparence, la profondeur de ce portique. Voyez aussi David le Roy, dans l'Essai qui précède son Ouvrage sur les Ruines des plus beaux monuments de la Grèce, Tom. I, pag. 15, derniere édition.

est surmonté d'un fronton de 3, 542 d'élévation. Ainsi l'entablement et le fronton, réunis, égalent en hauteur, à-peu-près les six septièmes de la hauteur des colonnes.

ARTICLE TROISIEME.

De l'Intérieur, Planches V et VI.

Les différences de niveau du portique et du vestibule, et celles de l'intérieur du Temple, sont exprimées par les cottes sur la Planche VI : ainsi nous ne nous étendrons que sur les colonnes intérieures.

Nous avons vu, à l'article du plan, que l'intérieur du Temple est divisé en trois nefs par deux files de colonnes, dont nous avons donné les proportions. Ces colonnes portent une espece d'architrave (11) qui leur sert d'entablement, sur lequel portait le plancher (en pierres) des tribunes, et un deuxieme rang de colonnes, dont on en voit encore neuf en place, cinq d'un côté et quatre de l'autre, directement a-plomb sur celles inférieures. Celles-là sont aussi surmontées d'une architrave à-peu-près semblable à celle qui les soutient, avec cette différence que cette derniere ne profile que du côté de la nef du milieu, la face de derriere étant unie sans aucune moulure. Les colonnes de ce rang supérieur ont 0, 864 de diamètre, sur 3, 329 de hauteur : c'est encore dans le rapport de quatre diamètres un quart à-peu-près.

Le même rapport existe encore entre le diamètre et la hauteur des colonnes du vestibule sous le portique. Elles ont 2, 015 de diamètre, et comme celles extérieures, elles ont 8, 732 de hauteur : ce qui leur donne à-peu-près quatre diamètres un tiers.

ARTICLE QUATRIEME.

Des Colonnes, Planche IX.

Toutes les colonnes de cet édifice sont sans base, et coniques du bas en haut, et s'écartent peu de la proportion de quatre diamètres un quart. Elles diminuent d'un tiers, c'est-à-dire, que le diamètre supérieur est d'un tiers plus petit que l'inférieur. Elles portent toutes un chapiteau d'une saillie considérable. Voyez sur la Planche IX les figures A, B, C, G, H, I. Mais avant de rien décrire des formes et des proportions qui caractérisent les colonnes et les chapiteaux de cet édifice, nous devons dire un mot des observations préliminaires que nous avons faites, et des précautions préparatoires que nous avons prises pour nous en assurer, ainsi que des soins que nous avons apportés dans nos

(11) Voyez sur la Planche IX les figures H et I.

opérations, afin de mettre nos Lecteurs à même de juger du dégré de confiance qu'ils doivent accorder à la description que nous allons faire de cette partie importante de ce monument.

L'état de ruine et de dégradation où nous trouvâmes le fût des colonnes de tous les édifices de Pæstum, nous affligea d'abord beaucoup, et nous déconcerta un moment. Mais persuadés d'avance que, dans leur origine, ces colonnes ne devaient point être renflées au milieu de leur hauteur, comme elles le sont aujourd'hui, et comme les vues assez exactes de Piranèse le représentent, nous ne voulûmes rien négliger pour nous en assurer. L'espoir de réussir releva notre courage et l'accrut même au milieu des obstacles; et un plein succès couronna nos recherches.

Toute la partie du vestibule de la face principale, celle de l'Est, étant depuis long-tems encombrée de terre et de débris, jusqu'au tiers de la hauteur, nous fîmes fouiller cette partie que nous dégageâmes de ses déblais, et nous trouvâmes le fond d'une cannelure couvert encore d'un bout à l'autre de son stuc (12), avec la vive-arête dans huit parties de sa hauteur (13). Cette découverte nous fit voir que les autres colonnes, sur-tout celles de l'extérieur au Sud, étaient toutes plus ou moins dégradées, et pour ainsi-dire mangées dans la partie inférieure seulement: la partie supérieure, étant abritée par la grande saillie du chapiteau, est presqu'entiérement conservée. Cette dégradation ayant diminué considérablement ce diamètre inférieur, et le milieu étant pour ainsi-dire intact dans son état ancien, ainsi que le reste supérieur, qui diminue considérablement suivant le galbe, il en résulte que le fût des colonnes présente un galbe ventru et sans grace: ce qui a fait dire à plusieurs Voyageurs que ces colonnes étaient renflées et lourdes (14).

Nous étant donc assurés du fond de cette cannelure, nous rétablîmes bien facilement l'arête qui, comme nous venons de le dire, nous laissait des reperes certains dans plusieurs points de sa longueur: ce qui nous donna le vrai diamètre inférieur et supérieur. Mais pour nous assurer du galbe réel, nous nous servîmes de ce fond même de cannelure, et nous operâmes ainsi. Du milieu du tailloir du chapiteau (voyez fig. G, Planche IX) nous descendîmes un a-plomb a, b, que nous scellâmes par le bas, et nous mouillâmes la ligne sur laquelle

---

(12) Tous les édifices de Pæstum ont été sur toutes leurs parties, recouverts d'un stuc de sept ou huit millimètres d'épaisseur.

(13) Nous découvrîmes encore dans cet endroit, trois marches d'escalier, encore à leur place, qui s'accordaient parfaitement avec les débris de celles qui étaient éparses dans les environs. Nous en parlerons au Chapitre suivant.

(14) De ce nombre est Dupaty, dans ses Letttes sur l'Italie, Tom. II, pag. 197. Il lui suffisait de voir pour sentir et juger sainement. Comment se permet-il d'affirmer, avant d'avoir bien observé, que les monuments de Pæstum indiquent l'enfance de l'Architecture, et que les Grecs alors *cherchaient encore la colonne*? Ne serait-ce pas plutôt au contraire une preuve que les Modernes ne l'avaient pas encore dénaturée?

nous traçâmes les reperes c, d, e, à 1, 700 de distance l'un de l'autre. Nous prîmes ensuite les grandeurs e f, d g, c h, b i, et k l, et puis reportant cette opération sur le papier, nous traçâmes la ligne l, f, g, h, i, du fond de la cannelure, avec une regle parfaitement droite. Voulant ensuite répéter l'opération sur les colonnes extérieures, nous choisîmes celle qui parut la moins dégradée dans sa partie inférieure ; et le résultat ayant été le même, nous fûmes convaincus que *le galbe des colonnes du grand Temple est une ligne droite du bas en haut, sans renflemment et sans courbure.*

ARTICLE CINQUIEME.

Des Cannelures, Planches IX, figures B, H et I.

LE nombre des cannelures différe suivant le diamètre des colonnes. Les plus fortes en ont vingt-quatre, les moyennes vingt ; et les plus petites n'en ont que seize. Elles sont profilées à vive-arête, ainsi que les *Grecs* l'ont toujours observé dans l'ordre Dorique. A leur partie inférieure elles se dessinent sur *le sol*, suivant le profil de leur profondeur ; et par le haut, elles se terminent en niche plate dans le profil du grand congé qui soutient le filet qui porte les annelets du chapiteau : ce qui n'interrompt point le fût de la colonne, et profile les cannelures avec beaucoup de grace.

Nous avions bien prévu que Major et Paoli s'étaient trompés, lorsque, donnant le profil du plan des cannelures de ces colonnes, ainsi qu'ils l'ont fait, comme dans la figure L, Planche IX, ils ont tracé le profil supérieur *a, b*, du même centre *c* que le profil *d e*. Suivant ce principe nous aurions vu les cannelures des colonnes de ce Temple diminuer d'effet, à mesure qu'elles s'élevaient et s'éloignaient de l'œil, puisque les angles *a b* des arêtes du sommet du fût auraient été très-obtus, tandis qu'au contraire les angles *d e* des arêtes du bas et près de l'œil eussent été très-aigus. Il est résulté de nos observations, et d'après les moules que nous en avons pris, que nous avons vu au contraire que les Architectes de cet édifice avaient senti la nécessité que les arêtes supérieures fussent plus aiguës que les inférieures. Aussi les ont-ils fait plus aiguës que les inférieures, en donnant cependant aux cannelures bien moins de profondeur en haut qu'en bas, comme dans la figure B. Dans *le profil supérieur*, il n'y a que la partie f g tracée du centre k, comme le profil inférieur h i. Le reste du profil supérieur est formé par de petits arcs f n et g o, tracés d'un autre centre P sur la ligne f k. (15).

---

(15) Si le Pere Paoli a été à Pæstum, pourquoi n'a-t-il pas observé ces détails ingénieux et ces marques certaines du savoir profond des Architectes de ces édifices ? Pourquoi a-t-il dit, *Dissertation* III, n°. 13 et 14, que les monuments de

Nous avons ajouté sur la Planche IX la figure K représentant le profil du plan supérieur des cannelures des colonnes des Propylées d'Athênes ; et nous avouons franchement que c'est la connaissance que nous avions de ce profil ingénieux, et le mérite que nous y attachions, qui ont excité notre enthousiasme, et qui peut-être ont été cause que nous avons poussé nos observations à Pæstum, jusqu'au moindre détails du profil des cannelures dont il est parlé ci-dessus. Puissent nos observations engager par la suite à tenter de nouvelles découvertes.

Nous n'avons remarqué dans aucun des Edifices de Pæstum, que l'arête des cannelures fût applatie ou terminée par un petit carré de deux millimètres, comme dans l'édifice d'Athênes, dont nous venons de parler.

ARTICLE SIXIEME.
Des Chapiteaux, Planches VII et IX.

Nous ne parlerons ici que des chapiteaux des colonnes extérieures, ceux des colonnes sous le portique, figure C, et des colonnes intérieures, figures H et I, étant absolument les mêmes : un peu plus ou un peu moins de saillie proportionément au diamètre de la colonne, voilà la seule différence. Aussi ne traitons-nous ici, figure A, que du chapiteau des colonnes extérieures.

La hauteur totale du chapiteau est de $1,188$, et la largeur du tailloir, de $2,598$, sur un diamètre de colonne de $1,434$. L'étonnement et le charme qu'on éprouve en voyant cette grande saillie, qui toute énorme qu'elle est, ne fait qu'ajouter à la grace du chapiteau, nous ont fait désirer d'en pouvoir montrer l'effet naturel : et craignant avec raison qu'un dessin géométral et réduit ne rendît qu'imparfaitement son véritable effet, nous avons voulu donner la grande moulure (16) dans sa grandeur naturelle, telle que nous l'avons moulée sur la nature même. Cela a exigé une grande Planche qui se trouve pliée dans l'Ouvrage ; mais le Lecteur sera plus satisfait d'avoir la vérité exacte sous les yeux, qu'une démonstration savante de géométrie qui lui prouverait que cette courbe est elliptique, qu'elle est parabolique, etc : luxe scientifique, auquel les Grecs n'ont vraisemblablement point pensé. L'optique, la grace, et l'harmonie ont été sans doute le seul but qu'ils ayent tâché d'atteindre. Nous avons pris la

---

Pæstum, construits par les Etrusques, dans les tems d'ignorance, avant la connaissance des Arts, ne présentent que des masses informes et grossières, méprisées par ceux qui ont le sentiment du beau et de l'élégant. Il est en cela d'accord avec Dupaty. Mais on excuse un homme qui se trompe, quand il n'écrit que pour amuser ; tandis qu'on exige de la vérité dans celui qui travaille pour instruire. Au reste voici les propres expressions de Paoli : *Volli dire da quella stessa* ROZZA *e* GOFFA *maniera disprezzata nell' opere Etrusche, e che osservata nelle Pestane da chiunque ama la delicatezza, lo induce a biasimarle.*

(16) Il nous est impossible de nous conformer à l'usage reçu, en nommant cette moulure *un quart-de-rond.*

forme de cette moulure avec des prismes de plomb de quatre centimètres carrés, et ce même moule, sur les lieux mêmes, nous a servi de regle pour tracer la ligne d'après laquelle celle de la Planche IX a été gravée.

Le chapiteau est composé en apparence de cinq membres principaux, le *Tailloir*, la *Moulure*, les *Annelets*, la *Gorge* et l'*Astragale*. Mais ces deux derniers appartiennent réellement au fût de la colonne, tout en faisant partie du chapiteau. L'astragale est si ingénieusement adapté, qu'il n'interrompt pas le fût de la colonne, non plus que les cannelures qui se prolongent jusque dessous le congé du filet des annelets, et qui vont se porfiler à douze millimètres de sa circonférence.

Cet astragale est formé de trois petits creux rectilignes, formant angle dans le fond, lequel angle creux est plus enfoncé que le fond des cannelures, de manière que le profil entier de chacune se dessine six fois en opposition l'un de l'autre, sur les plans obliques formés par les faces des creux. Il faut réellement voir en exécution l'effet de cet astragale pour en sentir toute la richesse et la simplicité (17).

Le tailloir est une grande face plate, sans moulure ni carré. Sous la grande moulure dont nous avons parlé, sont trois filets ou annelets, dont le profil de chacun d'eux ressemble assez à un bec d'aigle. Ce profil est composé de trois lignes ; la supérieure est courbe, l'inférieure est droite et horizontale, et celle intermédiaire qui les joints par ses extrémités, est droite aussi, mais inclinée de 40 dégrés à l'horison (18).

ARTICLE SEPTIEME.

De l'Entablement, Planches VII et VIII.

Les mesures cotées sur les Planches VII et VIII, ont presque toutes été prises sur l'angle gauche de la face de l'Est que ces Planches représentent.

On n'y a point coté le chapiteau, parce qu'il l'est très-exactement dans la figure A, de la Planche IX, que nous venons de décrire, et que d'ailleurs celui-ci est plus fort que les autres, de vingt-six millimètres, puisqu'il appartient à une colonne des angles. Voyez l'article du Plan.

L'entablement a 3, 665 de hauteur, environ les trois septièmes de la hauteur de la colonne, comme nous l'avons dit en parlant des façades. Cet entable-

---

(17) Souflot en a donné un de son invention ; et Major et Paoli, en ne faisant que l'indiquer, se sont dispensés d'en rendre compte.

(18) A la place de ces annelets, Souflot a fait une baguette entre deux filets, Major, trois filets simples, et Paoli, deux baguettes et deux filets. Voyez les profils de ces Auteurs, sur la Planche VII, et la note suivante.

ment (19) est composé d'une architrave, d'une frise, et d'une corniche, et est surmonté d'un fronton sur les faces extrêmes.

L'architrave a 1, 492 de hauteur, et pour tout ornement sur sa simple face, un listel, des gouttes et leur filet. Cette face est a-plomb de la face avancée des triglyphes de la frise. L'architrave a cela de commun avec tous les ordres Doriques Grecs, qu'elle est en porte-à-faux sur le diamètre des colonnes. Elle est en saillie en avant et en arrière de treize millimètres des colonnes des angles, et de vingt-six et demi des autres, les colonnes des angles étant plus grosses que les autres, de *vingt-six millimètres*.

Les gouttes sont rondes (20) et coniques, c'est-à-dire, qu'elles sont plus larges par le bas que *par le haut*. Nous nous sommes assurés de cette particularité des ouvrages Grecs, sous le troisieme triglyphe de gauche à droite de la face à l'Est, et sous le septième de la face au Nord, allant du Nord au Sud. Nous avons trouvé trois *gouttes au premier, et une au deuxieme, couvertes de stuc*, qui *portaient les* mesures que nous leur donnons dans cette Planche. La figure E de la Planche VIII est le plan de cette architrave.

La frise a 1, 164 de hauteur, et est ornée de onze triglyphes sur les faces extrêmes, et de vingt-sept sur les faces latérales. La face de ces triglyphes est a-plomb de la face de l'architrave : et les métopes, ou l'espace entre chacun, *sont enfoncées de vingt-un centimètres. Ces triglyphes sont ainsi disposés*. A chacun des angles est un *double triglyphe plié* (voyez figure F Planche VIII) et l'espace compris *de milieu en milieu* de chacun de ces triglyphes est divisé en parties égales, sur chaque face. Chacun des points intermédiaires que donne cette division, est le milieu de chaque triglyphe intermédiaire, sans égard aux a-plombs des colonnes. Et nous avons remarqué que cette différence d'a-plomb ne s'appercevait et ne pouvait s'apprécier que par la mesure : l'œil le plus exercé y serait trompé. Nous y avons cependant trouvé des différences de largeur de triglyphes et de métopes, de 6, 8, 11 et 13 millimètres : ce que nous avons plutôt attribué à la dégradation, qu'à un défaut d'exactitude dans l'exécution. Chaque triglyphe a dans son milieu deux cannelures verticales, et sur les bords une demie cannelure, séparées l'une de l'autre par trois champs égaux. Ces cannelures sont triangulaires par le plan, et terminées en cercle sous le grand

---

(19) Nous avons ajouté sur la Planche VII qui représente cet entablement, les profils qu'en ont donnés les trois Auteurs qui nous ont précédé. Nous les avons copiés avec la plus scrupuleuse exactitude. On jugera bien mieux de la différence par ces exemples, que par la plus minutieuse description que nous en aurions pu faire. La figure A, présente le détail de l'entablement du même édifice, mesuré et dessiné par J. G. Souflot, que Dumont publia à Paris en 1764 ; B, celui de Major, publié à Londres en 1767 ; et D, celui de Paoli, publié à Rome en 1784. Malgré cette derniere époque, nous sommes portés à croire que le profil de Major n'est qu'une copie assez inexacte de celui de Paoli. Voy. la note *k* de l'Introduction.

(20) Souflot les a faites en dents de scie carrées ; et Major qui a oublié le profil de l'angle, leut a donné en conséquence plus d'étendue que la largeur du triglyphe. Voyez les figures A et B. Planche VII.

congé (21), qui couronne la face du triglyphe, de maniere que l'angle du fond disparait insensiblement, à mesure qu'il se prolonge dans l'espece de niche que forme le sommet de chaque cannelure.

La corniche a 1, 009 de hauteur : elle est ornée de mutules, de chapiteaux de triglyphes, de chapiteaux de métopes, et d'un fort larmier, qui lui seul a 0, 498 de hauteur.

Les chapiteaux de triglyphes ne profilent que sur les faces, quoique Major en ait fortement exprimé le profil à droite et à gauche de chacun d'eux. Celui de l'angle semble en effet profiler, parce qu'il se retourne sur la face du triglyphe en retour. Voyez Planche VII, et la fig. F, Planche VIII. Ces chapiteaux de triglyphes présentent une grande face plate, *sous laquelle est un creux formé par un quart-de-rond renversé* (22), qui vient se terminer *et s'unir à vive-arête à l'extrémité de la saillie du grand congé couronnant le triglyphe.* Voyez la figure D, Planche VIII. Ce petit creux fait ici l'effet le plus heureux, en jetant un noir vif entre la demi-teinte de la face, *et le grand reflet que reçoit le congé.*

Le chapiteau de métope n'est qu'une face plate, saillante de 80 millimètres du fond de la métope.

Les mutules sont disposées de maniere qu'il y en a une au-dessus de chaque triglyphe, et une au-dessus de chaque métope. Elles n'ont d'épaisseur que 52 millimètres, ainsi que le filet *continu qui les couronne,* et auquel elles sont appliquées. Elles sont appuyées dans le fond sur le larmier des mutules, grande face plate au-dessus du chapiteau de triglyphe, haute de 0, 260, quoiqu'elle n'en paroisse avoir en géométral que 0, 095 ; et cela par l'inclinaison du plafond du larmier (23), qui n'est pas incliné parallélement à la pente du fronton, suivant les principes de Vitruve. Le fronton est incliné à l'horison de 16 dégrés, et le plafond du larmier n'a que 7 dégrés d'inclinaison.

Le dessous des mutules offre une singularité bien remarquable, c'est qu'à la place des gouttes que l'on voit dans tous les monuments des Grecs (24), on ne trouve que des creux circulaires de peu de profondeur. Voyez figures D et F,

---

(21) Rien n'est plus frappant que cette singularité ingénieuse, par l'effet piquant quelle produit. Cependant ni Souflot, ni Major, ni Paoli, n'ont fait cette remarque essentielle.

(22) Omis entiérement par Major et Souflot ; Paoli n'en fait qu'un simple filet carré.

(23) Il est fort étonnant que Souflot, Major et Paoli, n'ayent pas fait attention à cette inclinaison, qui pourtant est très-sensible pour l'Observateur le moins exercé.

(24) Ainsi qu'on le remarque dans les Ruines de la Grèce, publiées à Paris par David Le Roy, et dans celles d'Athènes, données à Londres par Stuard ; et comme on pourra le voir dans un Ouvrage, désiré à plus d'un titre, que se propose de publier le Cit. Dufourny, Architecte, et qui contiendra les dessins, les détails et la description de tous les monuments de la Sicile, élevés par les Grecs. Il les a mesurés et moulés sur les lieux avec une très-grande exactitude ; et il a remarqué qu'à presque tous les monuments, les gouttes incrustées dans les petits creux sous les mutules, étaient faites en stuc et de diverses couleurs. Peut-être étaient-elles ainsi à Pæstum.

Planche VIII. Ces creux sont disposés en trois rangs, le premier sur le devant, le second dans le milieu, et l'autre dans le fond.

Il y a cela de remarquable, que les deux mutules d'équerre à chaque angle de l'entablement, sont plus larges que les autres, étant de la même largeur que les chapiteaux de triglyphes qui les soutiennent, qui sont eux-mêmes plus larges que les autres, puisque ce sont les seuls qui profilent d'un côté seulement. Nous avons encore remarqué avec assez d'étonnement, que les petits creux y sont espacés également que sous les autres mutules; toute la différence du plus de largeur est portée sur les champs latéraux, qui se trouvent plus grands que ceux des extrémités.

Ces mutules sont couronnées par un filet, de même épaisseur qu'elles, qui les sépare du larmier. Le larmier est couronné par un autre filet très-saillant. Cette saillie est adoucie par un congé dont nous n'avons trouvé qu'un demi-mètre dans toute la circonférence de la corniche de cet édifice; et comme Paoli en fait une mention différente (25), nous avons voulu nous en assurer en le moulant sur nature.

ARTICLE HUITIEME.

Le Fronton, Planche VIII. fig. C et D.

Le fronton a de hauteur, prise du sommet jusqu'au-dessus de la corniche horizontale, 3, 542; un peu moins que l'entablement qui en a 3, 665. La corniche du fronton est extrêmement simple, composée seulement d'un larmier, un filet dessus et un talon dessous. Elle n'a, suivant la méthode Grecque, ni ornements ni mutules sous le larmier. Le plafond du larmier est incliné comme celui de la corniche horizontale, sans doute pour donner plus de hauteur apparente au tympan, dont la proportion de la hauteur avec la largeur de la frise, est à-peu-près dans le rapport de un à huit, c'est-à-dire, que le tympan a de hauteur le huitieme de la longueur de la frise, prise des extrémités extérieures des triglyphes des angles.

Le filet du larmier de la corniche rampante, est le même que celui de la corniche horizontale, qui n'y est pas supprimé. Ordinairement c'est la derniere moulure qui couronne la corniche horizontale des faces latérales, qui retournant remonte dans la corniche du fronton. Ici, cette derniere moulure passe à la fois dans les deux corniches.

Cette corniche si simple, qui en géométral paraît maigre, ne laisse pas que

---

(25) Paoli fait ici un cavet faisant saillie par le bas sur le larmier.

I

de faire un très-bon effet (26). Nous y avons remarqué que le larmier est moins haut que celui de la corniche horizontale, et que le talon qui est au fond, et par conséquent toujours dans l'ombre, est fortement exprimé, c'est-à-dire, que le profil en est forcé et contourné ; ce qui lui fait produire autant d'effet que s'il était dans le clair (27).

ARTICLE NEUVIEME.

Entablement et Chapiteaux des Colonnes et des Antes sous le portique ; Planche IX, figures C, D et E.

TOUT ce que nous avons dit jusqu'ici des chapiteaux, des colonnes et des trygliphes, devant suffire pour les mêmes détails qui se rencontrent dans cette partie du Temple, nous nous bornerons à présenter les remarques que nous y avons faites : d'ailleurs l'inspection des Planches et des figures auxqu'elles nous renvoyons, sera plus que suffisante pour faire sentir parfaitement ce que nous passons sous silence.

L'entrée du vestibule est, comme nous l'avons dit page 24, composée de deux colonnes et de deux antes, auxquelles vient s'unir et se terminer le mur du Temple. Ces colonnes et ces antes portent un entablement composé d'une architrave, d'une frise et d'une corniche sans mutules et sans larmier. La frise porte sept triglyphes semblables, et disposés de la même maniere, que ceux de la façade. On remarque seulement que les gouttes (28) et leur filet occupent une plus grande étendue que la largeur du triglyphe. Les métopes y sont d'une largeur prodigieuse et égale au double de leur hauteur. Nous pensons que l'entablement circulait tout à l'entour du mur sous le portique, comme l'indique la figure E, Planche IX.

Le profil intérieur de cet entablement est tout-à-fait différent de l'extérieur, quoique les masses soient les mêmes, à l'exception de la corniche qui est plus mince, et n'a qu'un seul cavet couronné d'un filet.

La frise n'a point de triglyphes de ce côté-là, et l'architrave, qui n'a qu'un listel, est sans gouttes. Le nud des triglyphes de l'autre face est a-plomb de la

---

(26) Après l'avoir dessinée suivant les mesures que nous en avions prises, nous crûmes nous être trompés ; nous revérifiâmes nos opérations, et nous nous apperçûmes que l'erreur était l'effet du génie de l'Architecte, qui a fait cette corniche pour être vue où elle est.

(27) Est-ce-là un trait d'ignorance, ordinaire dans l'enfante des Arts ? Paoli a-t-il vu ce fronton ? L'inclinaison de son larmier ? Celle de celui de la corniche horizontale ? La richesse des mutules ? L'ingénieux couronnement des trigliphes ? Le jeu de leur saillie sur les métopes, et la richesse de leur cannelures ? A-t-il remarqué la pureté de l'architrave, la grace du chapiteau, et la magie de son astragale, enfin l'aspect imposant de cette masse simple, riche et sublime ? Paoli et Major ont-ils vu Pæstum ? On ne le croit pas. Souflot a-t-il bien observé et mesuré ? Voyez l'ouvrage de Dumont.

(28) N'ayant pu nous assurer ni de la largeur ni de la forme exacte de ces gouttes, nous sommes portés à croire qu'elles étaient coniques ; mais leur état de dégradation ne nous permet pas d'avancer rien de certain à cet égard.

face de l'architrave, qui elle-même est aussi a-plomb de la face extérieure des antes. Voyez figure C, Planche IX.

Ces antes ne diminuant point, et l'entablement étant a-plomb de leurs faces, occasionnent à la face du devant du portique un porte-à-faux de 0, 273, sur le diamètre supérieur de la colonne, tandis qu'au contraire sur la face de derriere le nud de l'entablement est rentré, non-seulement, sur la face intérieure des antes, mais même aussi sur le diamètre supérieur des colonnes.

Voilà tout ce que nous avons cru devoir décrire de cette partie. Dans le Chapitre qui suit, traitant de la restauration de cet édifice, nous aurons occasion de donner quelques éclaircissements sur les objets dont la description n'aurait pas paru suffisante, et de jetter quelques lumières sur l'ensemble général de ce monument.

CHAPITRE QUATRIEME.

Essai motivé sur la Restauration du grand Temple.

S'élancer dans le vaste champ des conjectures pour n'y établir que des principes incertains ; et de ces principes, déduire des conséquences favorables à l'opinion que l'on s'est formée sur de simples apparences, c'est tout le fruit que l'on pourait retirer de certains édifices de Pæstum, tels que la Basilique, l'Amphithéâtre, le Cirque, etc : mais il n'en est pas de même du monument qui nous occupe. Nous n'avons pas eu la peine de *rien supposer* : tous les objets nécessaires se sont présentés d'eux-mêmes à l'observation. *L'état actuel de ce monument et les fragments trouvés dans les déblais et dans les ruines environnantes, nous ont fourni tous les matériaux nécessaires et propres à constater l'état ancien de cet édifice.*

Tout ce que *nous avons déja dit*, a mis sans doute à portée d'en avoir une connaissance assez complette, pour qu'il ne soit pas nécessaire de le répéter ici. Nous nous bornerons à décrire les objets que nous avons passés sous silence, ou que nous n'avons fait qu'indiquer.

ARTICLE PREMIER.

Des Murs du Temple.

Les masses existantes à la partie inférieure de cet édifice, teintées en noir sur le plan, Planche III, ne laissent aucun doute sur le nombre des colonnes, des antes et des pilastres, puisqu'ils sont tous encore à leur *place* ; et *les parties des murs que nous y avons trouvées*, indiquent suffisamment à l'Eleve le moins instruit de la forme des édifices Grecs, quelle était celle de celui-ci.

La différence de la hauteur des divers sols viendrait encore à son aide et acheverait de dissiper ses doutes, s'il pouvait lui en rester. Aussi n'entreprendrons-nous pas de justifier cette restauration : elle paraît trop simple et trop claire pour avoir besoin de démonstration.

ARTICLE SECOND.

Singularité de la différence des sols.

Une observation digne de l'attention de nos Lecteurs, c'est la différence du niveau des sols qui se présentent dans l'état actuel sous une face assez

singulière

singulière (1). La ligne de démarcation du sol de l'intérieur du Temple avec celui du portique latéral, se trouve précisément dans le milieu de l'épaisseur des murs latéraux, suivant les lignes A B et C D, et non pas à l'extrémité extérieure du mur, comme on présumerait que naturellement cela dût être. Nous avons remarqué que la destruction à moitié de l'épaisseur du mur était une conséquence de la construction même de ces murs, dont nous parlerons au Chapitre neuvieme.

Nous avons remarqué page 23 que sur le sol du portique général, dans chacun des entre-colonnements, il existait des carrés creusés, et égaux aux diamètres des colonnes, et de la profondeur d'un centimètre et demi à-peu-près. Le peu de profondeur de ces carrés nous fait rejetter l'idée qu'ils ayent pu être remplis par des dalles de marbre, et nous porte bien plutôt à croire qu'ils servaient à recevoir des plaques de bronze ciselées, représentant peut-être des sujets analogues à la destination de cet édifice, ou faisant simplement ornements.

ARTICLE TROISIEME.

Des Dégrés. Voyez les coupes, Planches V et VI.

Nous pensons que l'on montoit du vestibule dans le Temple, par trois dégrés, la différence du sol égalant à-peu-près la hauteur des trois dégrés de l'extérieur, qui existent en entier. C'est la même raison qui ne nous en a fait mettre qu'un seul du portique au vestibule, sur lequel portent les colonnes et les antes.

ARTICLE QUATRIEME.

Des Entrées du Temple.

Cet édifice avait-il des portes, comme le Parthénon et le Temple de Thésée à Athênes? Ou n'avait-il qu'une grande entrée à ses extrémités, comme nous le pensons, et comme nous l'avons indiqué? Nous allons tâcher de déduire les raisons, qui nous ont déterminés à adopter le parti que nous avons pris.

La partie du mur G, Planche V, fig. B, existante telle qu'elle est ici, le chapiteau du pilastre H profilant des deux côtés, et le petit avant-corps I de saillie égale au pilastre H, nous ont fait penser que ce pilastre H était répété tout en entier en I. Cette idée s'accordant parfaitement avec l'épaisseur totale de

---

(1) Nous avons vu pag. 25 que le sol de l'intérieur du Temple est plus élevé que celui des vestibules, et que celui-ci est encore plus élevé que celui du portique général.

cette masse, nous n'avons pas balancé à adopter celle que nous avaient fourni les restes existants. On peut encore ajouter que la pierre K L, formant l'architrave intérieure, et portant d'un bout L, sur le milieu de la colonne inférieure de l'autre bout K, sur le milieu du pilastre H, indique naturellement qu'une semblable portait sur les deux pilastres H et I.

Des raisons à-peu-près semblables nous font croire que l'entrée opposée pouvait bien avoir été conçue dans le même principe.

Il suit nécessairement de l'adoption de cette idée, que le plafond de cette entrée devait être en pierre, ce qui n'était pas extraordinaire dans les monuments des Grecs. Le Temple de Thésée à Athènes, décrit par David Le Roy dans ses Ruines de la Grèce, nous fournit la preuve la plus authentique de cette maniere de construire ainsi les plafonds.

Si l'on n'adoptait pas notre idée sur les entrées de cet édifice, l'inconvénient deviendrait encore plus grand, car il faudrait prouver qu'il fût éclairé par l'intérieur ; et nous prouverons dans le Chapitre suivant, qu'il était entiérement couvert.

Enfin il résulte encore de ces entrées, que cet édifice, nommé Temple, expression que nous avons adoptée, et que d'autres ont consacrée, en ajoutant même qu'il était dédié à Neptune, il résulte, dis-je, que peut-être bien il n'eut jamais cette destination. Ce serait peut-être là une question assez curieuse à résoudre, mais elle pourrait entraîner dans sa discussion trop de dégoût et d'ennui pour les Lecteurs. Nous avons lu avec assez d'attention les longues dissertations du pere Paoli sur cet article, et les lumières que nous en avons tirées, ne nous engagent pas à faire essuyer à nos Lecteurs le pénible travail de nous lire. Nous pensons que la description des escaliers et des tribunes que nous avons découverts dans cet édifice, ayant un rapport plus direct au plan de notre Ouvrage, remplacera mieux et plus à propos la discussion de la question, que nos Lecteurs eux-mêmes pouront d'ailleurs éclaircir.

ARTICLE CINQUIEME.

Des Escaliers.

DE toutes les découvertes que nous avons faites dans les édifices de Pæstum, celle des escaliers doit être considérée comme une des plus importantes, car elle nous a naturellement procuré la découverte des tribunes dont nous parlerons ci-après. Plusieurs morceaux de pierre de 607 millimètres de long sur autant de large, trouvés épars dans divers endroits de cet édifice, et dans ses environs, et d'autres fragments encore de forme triangulaire, dans les mêmes dimensions, et tous exactement de 226 millimètres d'épaisseur, nous ont fait juger que les uns avaient appartenu à des marches droites, et les autres, à des marches, dites *dansantes*, provenant de quelques escaliers : et comme Major en avait indiquées à droite et à gauche de l'entrée-Est du Temple, nous nous sommes déterminés à faire fouiller dans ces parties. Nos recherches ont été vaines sur la droite, mais sur la gauche nous avons eu la satisfaction de trouver trois marches encore en place, telles qu'elles sont représentées fig. D, Planche V. *La premiere posait sur le sol, et les deux autres dessus*; et la troisieme était parfaitement conforme aux pierres triangulaires, trouvées dans les déblais, et les deux autres, semblables à celles de forme parallélogramme. Ce qui *nous a paru* plus convaincant encore, c'est la hauteur de ces trois dernières, qui concordait parfaitement avec celles trouvées éparses, ayant comme elles 226 millimètres d'épaisseur.

La *troisieme preuve* de l'existence de ces escaliers se tire d'elle même, car en ajoutant trente-deux fois cette hauteur, on forme un *total* de 7,232; et la 32eme et derniere marche P (voyez Planche III) arrive à la porte de la tribune, au niveau du plancher en pierre dont il va être question. Voyez la coupe en travers, Planche VI.

En suivant le chemin indiqué par les trois marches en place, nous n'avons eu que la peine d'en supposer trente-deux, l'une sur l'autre; et *sans rien composer*, nous avons naturellement trouvé le résultat que nous venons de présenter.

Dans les figures A et B, Planche V, on apperçoit une partie de ces marches encore en place, en E.

ARTICLE SIXIEME.

Des Portes des Escaliers.

CE n'est pas par simple conjecture que nous avons placé les portes des escaliers sous l'entrée même du Temple; et nous nous flattons qu'en retraçant ici rapidement les observations que nous avons faites sur les lieux, il sera démontré jusqu'à l'évidence, que ces portes n'ont pu être placées ailleurs.

Dans les fouilles entreprises pour la découverte des escaliers, nous nous attendions à en trouver la naissance du côté de l'intérieur du Temple, c'est-à-dire, vers la partie E, Planche III, ou B, fig. A, Planche V. Mais tout au contraire nous y avons trouvé les marches dans leur révolution. Donc que la porte n'était pas de ce côté, ce qui détermine encore à croire que l'entrée des escaliers n'était pas d'avantage à l'extérieur latéral. Elle n'était pas non plus à la face sous le vestibule : la partie du mur H, Planche III, représentée en C, fig. A, Planche V, est une preuve du contraire. Puisque la porte des escaliers n'était point et ne pouvoit pas être sur trois des faces de son pourtour, *elle était donc sur la quatrieme vis-à-vis de la premiere marche, sous l'entrée même du Temple,* dans le vide F que laisse le mur en cet endroit. Voyez fig. B, Planche V.

ARTICLE SEPTIEME.

Des Tribunes.

Il était tout simple de penser que les escaliers servaient à conduire à un étage supérieur. Cet étage, devenu ensuite l'objet de nos recherches, était séparé de la partie inférieure par un plancher. Mais quelle partie de l'intérieur ou de l'extérieur couvroit ce plancher ? De quelle matiere était-il composé ? Et quelque part qu'il fût, comment et par où communiquait-on à l'étage ou tribune qu'il formait ? Nous allons repondre d'une maniere satisfaisante à ces diverses questions, que nous nous sommes faites, et auxquelles les escaliers et les fragments, trouvés dans les déblais, ont eux-mêmes répondu.

Quelle partie couvroit ce plancher ? Il n'était point placé sur le portique extérieur, car il n'aurait pu être posé que sur les très-foibles saillies des corniches N et O, fig. A et B, Planche V, et quelle que fût son épaisseur, il ne serait resté qu'un mètre au plus pour la hauteur de cet étage supérieur, ce que la raison et le jugement ne peuvent admettre (2).

Ce plancher n'était point placé sur la nef du milieu de l'intérieur ; car à quoi aurait servi le deuxieme rang de colonnes, et sur-tout l'étage supérieur, qui se serait trouvé par là entièrement privé de jour. Mais ce qui va jetter une lumiere satisfaisante sur la question précédente, c'est la solution de celle qui suit.

De quelle matiere était composé ce plancher ? Dans plusieurs endroits de la Ville, près l'Amphithéâtre, à côté de la cabanne où ont logé nos conducteurs et leurs chevaux, et plus encore dans les déblais du grand Temple, nous avons

---

(2) Nous remarquons ici que les arrachements indiqués dans la frise intérieure P du portique, par Morghen, et copiés avec soin par Major, sont de toute fausseté ; il n'en n'existe aucun dans toute la circonférence intérieure de portique. Si Major n'avait pas aveuglément copié Morghen sans réflexion, il aurait senti l'impossibilité de l'existence d'un plafond dans cet endroit. D'ailleurs il se contredit lui-même, en donnant Planche 12, fig. 10 de son Ouvrage, la face de l'entablement sous le portique. Ce détail que nous rapportons aussi Planche IX, prouve que jamais cet entablement n'a été coupé ni mutilé par un plancher, puisque l'architrave, la frise et la corniche et existent encore en entier.

trouvé

trouvé sept pierres de la forme exacte et suivant les mesures de celles PQRST, fig. C, Planche V.

Ces pierres nous ont occupés très-long-tems, avant de découvrir à quel usage elles avaient servi, et à quel monument elles pouvaient avoir ppartenu. Mais lorsque nous avons eu retrouvé les escaliers, l'idée d'un plafond sur les nefs latérales s'accorda parfaitement avec la longueur de ces pierres, et leurs échancrures QR concordèrent exactement (3) avec le profil des cannelures des colonnes supérieures. Nous avons eu la satisfaction de voir que par leurs mesures, ces pierres convenaient parfaitement au lieu où nous supposions quelles pouvaient avoir été placées, ayant 0, 340 de scellement dans le mur du Temple, qui est entiérement détruit, et 0, 440 de portée sur l'architrave, qui couronne les colonnes inférieures.

Ces parties de plafond n'ayant que 0, 793 de large, et placées couplées ainsi qu'elles le sont fig. C, Planche V, du milieu d'une colonne à l'autre, laissaient entr'elles un intervalle de 1, 904. Cet intervalle peut avoir été rempli par une seule pierre de cette largeur, ou bien par deux, de chacune de 0, 952 de largeur : mais nous n'en avons trouvé aucune de ces largeurs, sur les longueurs de 2, 900 que portent toutes les autres.

D'après ce que nous avons dit des escaliers à l'art. sixieme, le Lecteur pourra lui-même résoudre la question suivante.

Quelque part où fut ce plancher, comment et par où communiquait-on à l'étage ou tribune qu'il formoit.

Nous croyons cette question résolue par la solution des précédentes : ainsi sans nous répéter inutilement, nous passons à la partie supérieure de cet édifice, que nous appellons dans l'art. suivant, le plafond général.

ARTICLE HUITIEME.

De l'Etage supérieur, et du plafond général.

LA destruction totale de la partie supérieure de cet édifice, ayant enlevé tous vestiges d'indication de son état ancien, nous avouerons franchement que la restauration que nous en présentons, Planche VI, est entiérement fondée sur des conjectures tirées des anciens édifices des Grecs, qui nous présentent des plafonds en poutres de marbre, tel que le Temple de Thésée à Athènes, décrit par David Le Roy, dans ses ruines de la Grèce.

---

(3) Voulant nous assurer exactement du profil de l'échancrure QR, nous l'avons moulé et contre-moulé ; et ce contre-moule s'ajusta parfaitement avec le profil inférieur des cannelures des colonnes supérieures.

Nous n'avons pu nous assurer si les colonnes de l'ordre supérieur étaient rappelées aux murs des entrées du Temple par des pilastres, ainsi que celles du rang inférieur. C'est ce qui nous a déterminés à faire porter le mur a-plomb de la face des pilastres du rez-de-chaussée, et à faire profiler dessus, les moulures de l'architrave qui couronne le deuxieme ordre.

Nous pensons que l'escalier pouvait continuer ses révolutions, et conduire sur le plafond général, car en le recommençant au premier étage à la marche F, Planche III, la dix-neuvieme et derniere marche arrivait en G au niveau du plafond.

CHAPITRE CINQUIEME.

Essai motivé sur la manière dont le grand Temple était couvert.

ARTICLE PREMIER.

De la Charpente en général.

Un faîtage, quatre pannes et cent vingt-deux chevrons, en bronze, constituoient la charpente qui soutenait la couverture de cet édifice. Cette couverture était formée de grandes tables également en bronze, recouvertes l'une sur l'autre, ou tellement réunies, qu'elles semblaient n'en former qu'une seule dans toute l'étendue de la surface du comble.

Nous allons essayer de prouver les diverses parties de notre opinion. Nous les établirons en questions, que nous résoudrons tour-à-tour.

1°. Y avait-il un faîtage, et comment était-il soutenu dans sa longueur ?

2°. Pourquoi y avait-il quatre pannes, et quels étaient les soutiens qui les soulageoient dans leurs portées ?

3°. Quel motif porte à assurer qu'il y avait cent vingt-deux chevrons ?

4°. Pourquoi cette charpente était-elle en bronze, et non en bois ?

5°. Enfin quelles sont les raisons qui font présumer que la couverture était aussi en bronze, et non pas en grandes tuiles de pierre ou de marbre, ainsi que les Anciens le pratiquaient, avec des masques ou des palmettes à l'extrémité de la saillie de la corniche, et a-plomb de chaque colonnes des faces latérales ?

ARTICLE SECOND.

Du Faîtage.

Y avait-il un faîtage, et comment était-il soutenu dans sa longueur ?

Les entailles ou scellements Q, fig. A et B, Planche V, répondent eux-mêmes à la première partie de la question : mais quant à la seconde, nous conjecturons qu'a-plomb de chaque colonne intérieure, s'élevait un petit pilier en pierre, Planche VI, qui soutenait un antrait sur le milieu duquel était un poinçon supportant le faîtage, à l'aide de chevrons qui sans doute y faisaient chacun l'office d'arbalétriers.

LES RUINES
ARTICLE TROISIEME.

Des Pannes.

Pourquoi y avait-il quatre pannes, et quels étaient les soutiens qui les soulageoient dans leurs portées ?

Les scellements R, fig. A, Planche V, sont ainsi qu'à l'art. précédent, la preuve qu'il y avait des pannes en ces endroits ; et leur situation a-plomb des murs et des colonnes nous fait présumer que les murs O pouvaient être élevés jusqu'en R, et soutenir deux pannes dans toute leur longueur. Les deux autres pouvaient être soutenues par les petits piliers dont il a été question à l'article précédent.

ARTICLE QUATRIEME.

Des Chevrons.

Quel motif porte à assurer qu'il y avait cent vingt-deux chevrons ?

Les scellements S, fig. A et B, Planche V, comme aux articles précédents, répondent à cette question. Il est impossible de contester que par leur nombre et par leur forme, ces scellements n'ayent pas été destinés à l'usage que nous conjecturons. Il en existe encore trente-quatre d'un côté, et trente-neuf de l'autre.

Ces scellements sont un carré oblique, qui avait au plus deux décimètres sur chacune des faces.

La face intérieure, qui recevait le dessous du chevron, est inclinée suivant la pente du fronton, et celle sur laquelle était apuyée l'extrémité du chevron, lui est perpendiculaire, ou est à angle droit (1).

Le nombre de cent vingt-deux chevrons est le résultat de la division générale de la longueur totale de l'espace, compris entre l'intérieur des deux frontons, en nous servant exactement des scellements existants, et supposant seulement ceux qui sont entièrement détruits.

ARTICLE CINQUIEME.

Pourquoi la Charpente était-elle en bronze, et non en bois ?

Cette question va se résoudre d'elle-même, si l'on fait attention à la petitesse de toutes les entailles ou scellements du faîtage, des pannes et des

---

(1) Le hazard peut-être nous a fait faire cette découverte. Etant montés sur cet édifice après un orage, nous nous sommes apperçus que la plupart de ces trous contenaient de l'eau. Cet incident nous a fait porter nos observations plus loin : et de-là le résultat que nous venons d'exposer.

chevrons.

chevrons. Celles du faîtage et des pannes n'ont pas plus de trois décimètres sur chacune de leurs faces, à compter du sommet du fronton et de la ligne de sa pente. Peut-on se former l'idée d'un faîtage, ou d'une panne, qui, destiné à soutenir les chevrons et la couverture, n'aurait eu que trois décimètres de grosseur, et aurait eu depuis trois jusqu'à six et sept mètres de portée ? Peut-on raisonnablement s'imaginer que ces soutiens n'ayent été que de bois dans un édifice qui, par sa construction, annonce la solidité la plus complette.

D'ailleurs les chevrons, posés à niveau du dessus du fronton, devaient nécessairement être entaillés à moitié de leur épaisseur, ainsi que les soutiens. Voyez la Planche VI. Donc qu'il ne restoit de force réelle au faîtage et aux pannes que deux décimètres, et aux chevrons qu'un seul décimètre : ce qui n'est pas admissible dans une charpente en bois, soutenant une couverture quelconque, ayant des portées, comme nous venons de le dire, de trois à sept mètres. Ainsi nous sommes fondés à croire que *la charpente de cet édifice était en bronze, et non en bois.*

Cette opinion adoptée peut porter à croire que le portique et le vestibule étaient sans plafond, comme nous l'avons indiqué. Une charpente de cette nature peut avoir paru aux yeux des Grecs, une assez belle décoration pour des parties extérieures. D'ailleurs il serait impossible de démontrer sur quoi, au pourtour intérieur de l'entablement, aurait porté les plafonds, la saillie de la petite corniche, qui y regne, étant absolument trop foible pour supporter des pierres de six à sept mètres de long, et par conséquent d'une épaisseur et d'une pesanteur très-considérables.

ARTICLE SIXIEME.

De la Couverture.

QUELLES sont les raisons qui font présumer que la couverture était aussi en bronze, et non pas en grandes tuiles de pierre ou de marbre, ainsi que les Anciens le pratiquaient, avec des masques ou des palmettes à l'extrémité de la saillie de la corniche, et a-plomb de chaque colonne des faces latérales ?

La couverture posoit nécessairement sur les chevrons. Si elle eut été en dalles de pierre ou de marbre, quels que fussent les *refouillements* que l'on eut faits en dessous de ces dalles, pour y encastrer les chevrons (2), ces dalles eussent été en saillie sur le dessus du fronton. D'ailleurs les dernieres qui auraient recouvert le dessus des corniches latérales, et qui auraient porté les

---

(1) Nous ne connaissons et nous n'avons vu aucun exemple de ces dalles en pierre ou en marbre *refouillées en dessous*, pas même à Pouzzol au Temple de Jupiter Serapis, où cependant nous en avons remarqué de trois sortes différentes.

masques ou les palmettes, y auraient été retenues par quelque retraite, ou boulon de fer ou de bronze : et certainement on y appercevrait quelques vestiges des scellements dans la circonférence de l'édifice. Cette partie du dessus, n'étant mutilée que dans quatre endroits, nous aurait laissé les traces de quelque dégradation ; et cependant nous n'avons rien observé dans toute la longueur des deux corniches latérales, qui parût y avoir le moindre rapport.

Toutes nos recherches, toutes nos observations n'ont pu nous faire présumer autre chose, si-non que cette couverture était extrêmement mince, et retenue par des vis ou chevilles dans les chevrons, et que *cette couverture était composée de feuilles de bronze à recouvrements, ou réunies et soudées de maniere à n'en former qu'une seule* (3).

---

(3) La charpente et la couverture de ce temple peuvent bien avoir subi le même sort que Robert Guiscard fit éprouver en 1080 aux ornements et aux marbres. Voyez l'histoire de Pæstum, pag. 14.

DE PÆSTUM.

CHAPITRE SIXIEME.

Du petit Temple.

ARTICLE PREMIER.

Du Plan, Planche X, fig. C.

La franchise et la loyauté nous déterminent à avouer ici, que l'état de dégradation presque totale de l'enduit de stuc qui couvroit cet édifice (voyez la note 12 page 27) ne laissant sur très-peu de ses parties que deux points en opposition, *nous a mis dans l'impossibilité d'avoir par-tout des mesures certaines.* En conséquence nous nous sommes vus forcés de recourir à l'Ouvrage du pere Paoli pour celles que nous n'avons pu prendre; et nous saisissons avec plaisir cette *occasion de rendre justice à l'exactitude que les Architectes du Comte de Gazzola paraissent avoir particuliérement mise dans le compte qu'ils ont rendu de cet édifice.*

Il est situé au Nord du précédent, vers le milieu de la Ville, et désigné sur le plan particulier, Planche 1re. par la lettre B.

Ce monument a six colonnes sans base à chacune de ses faces extrêmes, et treize sur celles en retour, y compris celles des angles. Sa largeur extérieure est d'environ 14 mètres et demi sur trente-deux et demi de longueur : ce qui occupe une surface d'environs 460 mètres, surface bien inférieure à celle du grand Temple qui en a plus de 1300. Cette différence nous a déterminés à nommer cet édifice, *le petit Temple.*

Les colonnes qui en forment le pourtour, ont 1, 292 de diamètre, et les entre-colonnements 1, 308. Nous n'avons pas remarqué que les diamètres et les entre-colonnements y fussent de diverses grandeurs, comme nous l'avons vu au grand Temple.

Les trois dégrés, qui soutiennent ces colonnes, et qui leur servent de soubassement, ne nous ont pas paru avoir circulé dans toute la circonférence de cet édifice. Ils ne sont exactement profilés que jusque vers la moitié de la longueur. La partie de derriere est une espece de *soustruction,* qui, toute ruinée qu'elle est, forme de distance en distance un trotoir au-delà des colonnes, de 0, 800 de largeur.

Toutes les colonnes extérieures sont encore existantes, et debout. Mais il n'en est pas de même de celles qui formoient, à ce que nous présumons, le vestibule à l'entrée du Temple ; on n'en voit plus que les bases, et qu'une très-petite partie du fût. Cependant on en trouve encore deux M N à droite , et deux autres L M à gauche. Ce qui nous a paru le plus singulier et le plus digne de remarque, c'est l'arrangement extraordinaire de ces colonnes dans la direction de la profondeur du vestibule.

Après avoir passé sous les colonnes de la face, on rencontre le dégré O P; plus loin, à droite et à gauche, les deux autres dégrés M M et L Q, lesquels se retournant et se réunissant dans le fond par ceux R S, laissent entre eux une petite esplanade M L R Q M : ce sont ces dégrés qui portent ces colonnes ; les colonnes M M sont posées sur le deuxieme ; la colonne L sur le troisieme, et la colonne N sur le même dégré, mais plus en arrière. Nous avons remarqué que les colonnes M L sont plus écartées, que celles Q N. La figure K représente l'élévation de cette partie de l'intérieur.

Nous n'avons vu aucun vestige de colonne et de dégré au portique T de la face opposée.

Les restes V X Y sont les seuls objets de construction antique, et ils sont, pour ainsi-dire, confondus et étouffés sous des racordements modernes. Ils feront en partie la matière de l'article huitieme de ce Chapitre.

ARTICLE SECOND.

Des Façades, Planche X, fig. L et D.

CET édifice a, comme nous venons de le dire, six colonnes à ses faces extrêmes, et treize à celles latérales, y compris celles des angles : en tout trente-quatre colonnes. Sur une des faces extrêmes que nous appelons *Face principale*, et sur la moitié de celles latérales, ces colonnes sont soutenues par trois dégrés d'ensemble 1, 140 de haut sur 0, 750 de saillie. Sur l'autre face extrême et sur les autres moitiés des faces latérales, ces dégrés forment un soubassement continu. Voyez l'art. précédent. Les colonnes étaient couronnées par un entablement complet dans toute la circonférence ; mais il est aujourd'hui, presque entiérement ruiné sur les faces latérales.

Un faible fragment sur la face principale, fig. L, donne connaissance de la corniche. On voit encore à cette même face, ainsi qu'à celle opposée, les ruines du fronton.

ARTICLE TROISIEME.

Des Colonnes extérieures, et de leurs cannelures.

LES colonnes qui forment le pourtour extérieur de cet édifice, sont sans base. Elles ont 1, 292 de diamètre sur 9, 400 de hauteur : ce qui les raproche de

la

la proportion de celles du grand Temple, d'à-peu-près quatre diamètres un quart. Elles sont coniques, et en ligne droite du bas en haut, et diminuent à-peu-près d'un quart de leur diamètre inférieur. Elles sont cannelées à vive-arête du bas en haut.

Il ne nous a pas été possible de vérifier si les cannelures sont profilées dans leurs divers plans, suivant le sentiment de celles du grand Temple : nous pensons qu'elles l'étaient, comme nous le représentons, fig. M. Quelques parties de stuc dans le profil supérieur des arêtes, nous ont laissé voir des angles très-obtus.

ARTICLE QUATRIEME.

Des Chapiteaux, Planche X, fig. E.

QUOIQUE les chapiteaux ne présentent pas autant de grace et de grandeur que ceux du grand Temple, et peut-être encore moins de génie dans leur invention, ils ne manquent pas cependant d'attirer et de retenir l'attention de l'observateur, sur-tout s'il veut les comparer avec ces derniers. Les chapiteaux de ce Temple ont 0,345 de haut, avec un tailloir de 1,710 de largeur sur une gorge de 0,880 de diamètre, ce qui les fait paraître étranglés, le diamètre supérieur de la colonne étant de 0,110 plus grand, que celui de cette gorge.

Trois membres principaux composent le chapiteau, le tailloir, la moulure et la gorge. Le tailloir est une grande face plate. La moulure est droite depuis sa naissance inférieure, jusque vers le haut où elle se termine rapidement en un petit tore sous le tailloir. La gorge est une espece de scotie sur laquelle est un ornement formé de côtes et de cannelures, dont la figure H donne le profil et le développement. Au-dessous de la gorge est un petit carré en saillie sur le diamètre de la colonne. Cette saillie est soutenue par un congé qui la réunit au fût de la colonne, et dans lequel se dessine et se termine le profil supérieur des cannelures. Cette gorge est couronnée d'un autre filet, qui reçoit la naissance inférieure de la grande moulure.

ARTICLE CINQUIEME.

De l'Entablement, fig. E, Planche X.

L'ENTABLEMENT a 2,400 de hauteur, à-peu-près les cinq douzièmes de la hauteur de la colonne ; il est composé d'une architrave, d'une frise et d'une corniche.

L'état actuel de l'architrave, exactement représentée dans la fig. E, ne nous a pas permis de supposer qu'il y eut jamais eu ni gouttes ni listel ; et nous ne pouvons pas même assurer, comme on pourroit le penser d'après ce qui en reste, qu'il y ait eu une corniche en cet endroit, c'est-à-dire, un larmier couronné et soutenu par des moulures. Nous aurons occasion, au Chapitre X, de parler de cette singularité, que nous croyons être une restauration des Romains.

La frise présente une autre singularité bien digne de remarque, dans un édifice qu'à plus d'un titre on doit croire avoir été inventé et construit par des Grecs.

Ici les triglyphes étaient (1) a-plomb de chaque colonne, à partir même de celles des angles, en laissant une demi-métope à l'angle de la frise. C'est cette demi-métope à l'angle de la frise, au lieu d'un triglyphe plié, dont nous n'avons aucun exemple dans les ordres Doriques des Grecs. Nous nous sommes assurés de l'existence de cette singularité, en faisant relever sur l'édifice même la pierre de l'angle A de la frise (voyez fig. L) que pour cette opération nous avons arrachée de la cabanne voisine où elle avait été employée pour servir de siege. Nous avons eu la satisfaction d'y trouver l'incrustation du triglyphe enlevé, et le reste de l'angle en *saillie sur cette incrustation*, et en retour s'ajustant *parfaitement sur la face latérale du Temple dans l'alignement de la frise* : et nous avons été assurés qu'*il y avait une demie-métope à l'angle de la frise* (2).

Nous remarquerons encore ici que les triglyphes, quelque minces qu'ils fussent, étaient en saillie sur la face de l'architrave : pratique que nous ne croyons pas avoir jamais été en usage chez les Grecs.

Si la frise est digne de l'attention de l'observateur, la corniche n'est pas sans motif d'intérêt. La finesse de toutes les moulures qui la composent, la très-grande saillie du larmier, et les caissons creusés sous son plafond, représentés dans la fig. G, ouvrent peut-être un vaste champ à des observations intéressantes, si l'on considère l'accord des proportions de cette corniche avec la frise et l'architrave, si l'on compare cet entablement avec le fronton, et enfin si l'on met cet édifice en parallele avec celui que nous venons de décrire.

Nous exposerons rapidement au Chapitre dixieme, l'opinion que cette comparaison nous a fait adopter.

---

(1) Nous disons *étaient*, car il n'en existe pas un seul. Ils étaient ou en bronze ou en marbre incrusté dans des renfoncements très-étroits, qui les recevaient, et qui laissent encore les traces non-seulement de l'incrustation, mais encore celles d'une destruction barbare et précipitée. Ne pourrions-nous pas croire que cette destruction est encore un des trophées brillants de Robert Guiscard.

(2) Major a véritablement fait une supercherie en nous donnant le profil que nous rapportons figure I, qu'il dit être l'entablement de l'édifice que nous décrivons. Il ajoute dans la corniche un quart-de-rond sur le larmier, et des mutules avec leurs couronnements, et ne rend compte ni du congé ni des caissons en creux sous le plafond. Dans la frise il met des triglyphes aux angles, (et dans ses vues particulieres une demi-métope). Il met un listel, un filet et des gouttes dans l'architrave, quoique certainement les fragments, qui en restent, n'indiquent pas qu'ils ayent jamais fait partie de gouttes ni de listel de la proportion qu'il leur donne dans son détail restauré. Pourquoi n'a-t-il pas copié ici à-peu-près les Planches du Comte de Gazola, comme il paraît l'avoir fait par rapport au grand Temple ? Voyez la note *k* de l'Introduction. C'est peut-être que ces Planches n'étaient pas encore gravées lors de sa commission ou de son voyage à Rome.

DE PÆSTUM.
ARTICLE SIXIEME.
Du Fronton, fig. E, L et D, Planche X.

Le fronton de cet édifice ne nous a pas offert une matiere aussi intéressante par les observations, que celui du grand Temple. Cependant ce qui le distingue de ce dernier, nous a paru si-non très-utile, du moins nécessaire à la comparaison qu'on en pourrait faire. Ces motifs nous engagent à entrer dans quelques-uns des détails de sa composition.

Nous ne pourrions pas assurer que les moulures de la corniche du fronton eussent été absolument les mêmes, que celles de la corniche horizontale, sa dégradation presque totale n'en laissant appercevoir que des vestiges peu sûrs; cependant *les hauteurs totales sont les mêmes. Le larmier est aussi de la même épaisseur dans l'une, que dans l'autre*, ainsi que le sont les deux filets qui les couronnent. Les caissons creusés en dessous du larmier rampant du fronton, étant en nombre *égal à ceux de la corniche horizontale*, ils sont nécessairement un peu plus larges, la ligne rampante ayant *plus de longueur que celle horizontale.* Toutes ces ressemblances nous font penser qu'il pouvait bien en être ainsi du reste des moulures : d'ailleurs les Architectes du Comte de Gazola ont fait ces deux corniches, absolument les mêmes. Peut-être qu'à l'époque où ils les ont *mesurées*, les moulures inférieures n'étaient pas autant dégradées qu'elles le sont aujourd'hui.

Le tympan de cet édifice est d'une proportion plus haute, que celui du grand Temple ; il est dans le rapport de 1 à $7\frac{1}{2}$, c'est-à-dire, que le tympan a de hauteur deux quinziemes de la largeur de la face de la frise. Voyez l'art. 8 du Chapitre troisieme.

ARTICLE SEPTIEME.
Des Colonnes intérieures, Planche X, fig. F.

Les colonnes intérieures dont nous avons parlé à l'art. premier de ce Chapitre, et dont il ne reste plus que quelques bases, ont 0,780 de diametre ; et la base de 0,330, de hauteur, est composée d'un socle *circulaire* de très-peu de saillie, sur lequel pose un tore du même diametre, couronné d'un filet ; un congé réunit ce filet au fût de la colonne. Le diametre du socle et du tore, est de 0,090, ce qui ne donne de saillie à la base, que 0,060.

Nous avons remarqué cette base avec autant de surprise, que le nombre extraordinaire de 24 cannelures *à de très-petites colonnes* (3) : pratiques dont nous ne connaissons pas d'exemple dans les monuments des Grecs.

(3) Voyez l'article 5 du Chapitre III.

LES RUINES

ARTICLE HUITIEME.

Essai sur la distribution intérieure du petit Temple, Planche X, fig. C et D.

Nous n'entreprendrons pas de restaurer entiérement cet édifice; les matériaux qui nous en restent, ne seraient pas de nature à asseoir nos idées sur des bases solides. Il nous a paru fort inutile de prévenir l'opinion sur les diverses conjectures auxquelles ces matériaux incertains pourront donner lieu : nos Lecteurs les établiront plus agréablement, et peut-être avec plus d'avantage. Nous nous bornerons à dire seulement un mot sur la distribution intérieure.

D'après les colonnes M M N L, on peut conjecturer qu'il y en avait deux autres Q qui formaient le vestibule. Il y en avait peut-être quatre autres, qui formaient le premier rang sur le devant du vestibule sous le portique d'entrée, comme nous l'avons indiqué en O P.

Les vestiges U, V, X, Y, nous ont fait penser qu'il y avait un mur V, V, qui séparait le sanctuaire *A*, de la piece *B*, et ceux X, X, qu'il y avait dans ce sanctuaire une petite cellule *D*. Les quatre portes, que nous avons indiquées, sont de pure supposition. Il n'y aurait peut-être que le seul angle Z, qui pourrait faire présumer qu'il y avait une porte dans cet endroit-là, et qu'il faisait partie de son embrasure.

D'après ce que nous avons dit ci-dessus, et les matières que nous a fourni l'état actuel de la face, fig. L, il nous a été très-facile de la restaurer telle quelle est représentée fig. D. Ainsi nous ne dirons rien de plus à cet égard.

DE PÆSTUM.

CHAPITRE SEPTIEME.

Description de la Basilique.

ARTICLE PREMIER.

Du Plan, *Planche XI*, *fig. A.*

Cet édifice, situé au Sud du précédent, est désigné sur le plan particulier de la Ville, Planche 1re. par la lettre H, tout auprès du grand Temple déjà décrit.

Son plan forme un parallélogramme d'environ vingt-quatre mètres de large sur cinquante-deux de long, ce qui ne donne pas plus de 1248 mètres de superficie. En conséquence ce monument en a un peu moins que le grand Temple, et beaucoup plus que le petit Temple qui vient de nous occuper.

Si cet édifice n'en impose pas autant que le grand Temple, par la masse de sa surface et de son élévation ; si la proportion de *ses colonnes*, *la forme de ses chapiteaux*, et l'harmonie de ses détails, comparés les uns avec les autres ne présentent pas à l'Artiste instruit un champ aussi fertile pour les observations, et aussi attrayant ; les neuf colonnes de ses faces extrêmes, dont une se trouve précisément dans le milieu, et le rang de colonnes qui, placé au centre de l'édifice, se prolongeoit dans toute la profondeur, sont peut-être des objets dignes de l'attention des Architectes et des Historiens. Mais notre but dans cet Ouvrage n'étant que de décrire les édifices de Pæstum, nous nous bornerons à la description pure et simple des restes de cet édifice ; et pour le surplus nous renverrons nos Lecteurs aux Ouvrages des Savants (1) qui nous ont précédés. Ils y trouveront les lumières les plus satisfaisantes sur l'utilité de ce rang de colonnes placé au milieu de la face et de l'intérieur, ainsi qu'ils en trouveront sur la destination de cet édifice. Nous avouerons cependant que la dénomination de Basilique nous a paru lui convenir beaucoup mieux que celui de Temple, par la distribution que nous lui supposerons sur des conjectures motivées dans le dernier article de ce Chapitre.

Cet édifice a cinquante colonnes dans sa circonférence, neuf à chaque face extrême, et dix-huit à celles en retour, y compris celles des angles. Elles ont 1, 387 de diamètre, et les espacements, 1, 443. Elles sont soutenues par

---

(1) Dans le nombre de ces Savants, David le Roy tient le premier rang. Voyez la note *b* de la pag. 13 de son Essai sur l'Architecture, placé à la tête des *Ruines des plus beaux monuments de la Grèce*, deuxieme édition.

trois dégrés semblables à ceux des autres édifices. Dans l'alignement transversal des troisiemes colonnes en retour, en entrant par la face qui regarde l'Est, sont deux antes et trois colonnes de 1, 272 de diamètre, lesquelles formaient probablement avec les colonnes de la face, la largeur du portique qui circulait dans tout le pourtour de l'édifice. Le sol de ce rang de colonnes et d'antes, est d'un seul dégré de 0, 320 de hauteur, plus élevé que celui du portique.

Plus avant dans le milieu de l'intérieur et dans l'alignement des deux colonnes du milieu des faces extrêmes, se voyent trois autres colonnes d'un diamètre encore plus petit que celles du portique : elles n'ont que 1, 265, et sont cependant toutes de même hauteur, quoique placées sur des sols différents. Ces trois colonnes soutiennent un reste d'architrave, sans aucun vestige de moulures.

ARTICLE SECOND.

Des Façades, Planche XII.

Nous venons de voir à l'article précédent, que les faces extrêmes de cet édifice ont neuf colonnes, et celles latérales, dix-huit, y compris celles des angles. Elles sont toutes sans base, ainsi que les trois autres placées dans l'intérieur.

Les colonnes de ces faces sont soutenues par trois dégrés, chacun de 0, 285 de haut sur 0, 330 de large (2), et supportent une architrave couronnée d'un très-gros tore au-dessus duquel restent encore de distance en distance quelques fragments de la frise. Il n'existe plus rien au-dessus de la partie supérieure, pas même la moindre indication de la corniche sur aucune des faces. Les faces extrêmes qui sont les moins dégradées, présentent exactement ce que nous offre la fig. D, Planche XII, dessinée d'après la face qui regarde l'Est.

La fig. E présente la vue de l'intérieur. En entrant dans l'édifice par la face qui regarde la mer, on voit devant soi (3) trois des colonnes qui formaient la rangée placée au milieu de l'intérieur. Ces colonnes étant d'un diamètre plus petit que toutes les autres, et de même longueur, en paraissent par conséquent beaucoup plus longues, aujourd'hui sur-tout qu'elles sont entourées d'air. Leurs chapiteaux sont en effet aussi plus étranglés.

---

(1) Il est essentiel de remarquer que les dégrés ont ici *plus de largeur que de hauteur*; nous croyons pouvoir rendre compte de cette différence avec ceux du grand Temple au Chapitre dixième.

(3) Nous supposons dans ces deux vues, que cet édifice est déblayé des décombres immenses qui couvrent son sol, et qui ensévelissent toute la partie inférieure des colonnes du milieu.

Nous ajouterons ici que nous n'avons pu remarquer sur les lieux l'inclinaison que Paoli donne au sol de l'intérieur, en indiquant le milieu élevé de 0, 300, et allant en pente à droite et à gauche vers les faces latérales.

DE PÆSTUM.
ARTICLE TROISIEME.
Des Colonnes, et du Contour de leur Galbe, Planche XII, fig. C.

La vetusté et la dégradation de ce monument nous ont mis dans l'impossibilité de nous assurer du galbe exact des colonnes. Mais avant d'adopter l'idée de Paoli, qui nous le donne en ligne courbe HIG, comme fig. C, nous avons voulu nous assurer si cela a pu être ainsi. Il est en effet résulté de nos opérations faites *au fond d'une cannelure*, que par le prolongement en ligne droite de la partie seule HI de la ligne HIG du galbe entier, le point K de l'extrémité du prolongement dépassait de 40 millimètres la saillie du premier dégré; et si l'on considere que la cannelure en a plus de 44 de profondeur, on trouvera que le diamètre extérieur des colonnes aurait dépassé de 84 millimètres le dégré sur lequel il doit poser en entier : ce qui n'est pas admissible (4). Ainsi donc nous nous sommes rendus au sentiment des Architectes du Comte de Gazola *transmis par Paoli* ; et nous donnons ici le galbe tel qu'on le trouve dans son Ouvrage.

Les mêmes raisons qui nous ont privés du galbe des colonnes, nous ont nécessairement obligés d'avoir encore recours à Paoli pour le profil des cannelures. Nous avons cependant observé que la partie supérieure de la colonne est assez conforme à ce qu'il nous a donné dans son Ouvrage, et que nous rapportons fig. D, Planche XI.

ARTICLE QUATRIEME.
Des Chapiteaux, Planche XI, fig. B.

Nous ne parlerons ici que des chapiteaux extérieurs ; ceux de dessous le portique et ceux des trois colonnes du milieu, n'en different que par un peu plus de saillie et d'étranglement à la gorge, et par la variété de leurs ornements. Ils ont tous le même profil ; un peu plus de grace distingue cependant ceux des colonnes extérieures, et c'est ce qui nous a déterminés à les préférer.

Ces chapiteaux ont 0,800 de hauteur ; et comme ceux du petit Temple, ils sont composés de trois membres principaux, le tailloir, la moulure et la gorge. Le tailloir est une grande face de 0,352 de haut sur 1,900 de large. La moulure, qui est beaucoup plus arrondie que celle du chapiteau du grand Temple, ressemble assez à un quart-de-rond un peu plus lourd. Ces deux édifices, assez voisins l'un de l'autre, permettent de comparer la différence de ces détails. Au

---

(4) Nous verrons, au Chap. dixième, que ces colonnes ont peut-être été dans leur origine telles que cette opération les présente.

grand Temple, la saillie prodigieuse du chapiteau prête à la grace et à la grandeur de l'effet majestueux qui le caractérise : à l'autre au contraire, la saillie semble l'appésantir, et fatigue l'œil de l'observateur, qui croit et craint de voir fléchir la moulure, et la colonne s'enfoncer dans le chapiteau.

La gorge est, comme au petit Temple, renfoncée dans le diamètre supérieur de la colonne. Elle est formée d'une espece de scotie, dont on voit le profil, fig. C, Planche XI, et est couronnée de diverses moulures et ornements en stuc, de la plus précieuse exécution. Les fragments nombreux qui en restent, nous font voir que ces ornements ont été faits avec beaucoup de soin. Mais ce qu'il y a de remarquable, c'est qu'il n'y a pas plus de trois colonnes de suite avec le même ornement : là il y en a deux, comme fig. E, là trois, comme F, ici un seul, comme G, plus loin deux, comme H, et ensuite trois comme I, sans ordre déterminé d'intermédiaires.

Cette gorge n'a aucune moulure au-dessous d'elle. Il ne faut pas croire, comme l'a fait Major, que la *distance du profil des cannelures à la naissance de la gorge soit un filet, ni que le profil en racourci du reculement de l'arête de la cannelure au diamètre réel de la colonne, soit un congé.*

ARTICLE CINQUIEME.

De l'Entablement, Planche XI, fig. B.

UNE grande face de 0, 772 de haut, et un gros tore de 0, 360 sur une saillie de 0, 215, forment l'architrave ; et au-dessus, une grande face lisse de 0, 970 de haut, *sans le moindre vestige de triglyphes, d'incrustation et de trous de scellement,* constitue la frise. Voilà tout ce qui reste de la partie supérieure de cet édifice (5).

Nous avons remarqué dans le dessus de cette face, qui forme la frise, une espece de petit canal que l'on voit en MM, fig. A, D et E de la Planche XII, et qui nous paraît avoir servi à loger une chaîne ou ceinture de fer ou de bronze, destinée à maintenir l'écartement de l'édifice. Nous avons cherché à nous assurer si à cette ceinture il y avait eu des boulons aux a-plombs des colonnes, mais nous n'avons pu en découvrir aucune trace.

---

(5) Major a fait plus encore ici qu'à l'entablement du petit Temple : voyez la note 2 pag. 50. Il a restauré architrave, frise, corniche et fronton. Il a mis des gouttes avec un listel à l'architrave, des triglyphes dans la frise, et des mutules dans la corniche, etc. etc. Où a-t-il pris les motifs de sa restauration ? En se dispensant de nous en rendre compte, pourquoi n'a-t-il pas avoué franchement qu'il lui avait été plus facile et moins couteux, de composer ou de copier, dans son cabinet à Londres, les détails des trois édifices de Pæstum, que d'aller en mesurer un seul sur les lieux ?

DE PÆSTUM.
ARTICLE SIXIEME.

Des colonnes et des antes sous le portique, fig. A, Planche XI, et fig. A et B, Planche XII.

Nous avons dit plus haut, pag. 54, que la face du portique de cet édifice était formée de trois colonnes et de deux antes, élevées d'un dégré au-dessus du sol du portique. Nous avons donné la dimension des colonnes, mais nous n'avons rien dit de la forme des antes, et de la singularité de leurs chapiteaux.

La largeur de chacune des quatre faces (6) de ces antes, est égale en leur partie inférieure au diamètre des colonnes qui les avoisinent. Ces antes vont si fort en diminuant, qu'à leur astragale elles sont diminuées de près d'un tiers; ce qui leur *donne la forme et leur fait produire l'effet d'un obélisque*. Ce qui les termine, et que nous appelons *chapiteau*, est peut-être fort-digne de remarque par sa forme bizarre. Voyez les figures A B D E de la Planche XII.

La campane ou vase du chapiteau, est carrée par son plan, et s'élargit en arc à mesure qu'elle s'élève, et va *se terminer aux faces du tailloir*; mais, sur les faces latérales, cet arc se redouble, et forme à son extrémité supérieure une espece de *rouleau uni, qu'on pourrait peut-être nommer volute*.

La singularité la plus bizarre de ce chapiteau, est cette portion d'architrave K, (voyez le plan, Planche XI, et les fig. A et E, Pl. XII,) qui faisant partie de la même pierre et ayant la même hauteur que le chapiteau, sur une largeur moindre que le diamètre supérieur des antes, s'avance dans la direction de la longueur de l'édifice, et semble avoir eu une continuité dans toute la longueur.

Nous allons essayer, dans l'art. suivant, d'exposer notre opinion sur l'usage de cette architrave.

Les antes et les colonnes sont couronnées d'une architrave de 1, 269 de haut, avec des moulures, que nous avons copiées d'après Paoli, ce monument n'en laissant aujourd'hui que des traces trop incertaines pour avoir pu nous les procurer exactement sur les lieux.

ARTICLE SEPTIEME.

Conjectures sur la distribution intérieure de la Basilique, fig. A, Planche XI.

Nous n'entreprendrons point la restauration totale de cet édifice : les restes qu'il présente sont trop insuffisans pour que nous osions l'essayer avec quelque

---

(6) Souflot, Major, et Paoli, ont tous trois fortement exprimé des attachemens considérables de mur aux faces intérieures de ces antes, de maniere à faire croire qu'ils y avaient vu un mur, ou du moins des vestiges qui en attestaient l'existence. S'il y en a eu un, les vestiges en ont aujourd'hui entiérement disparu. Ces antes ne présentent sur aucune de leurs faces aucun attachement de mur ; elles sont exactement dans l'état où les représente la figure E, Planche XII.

confiance de ne nous pas tromper. D'ailleurs les diverses conjectures auxquelles nécessairement il faudroit nous livrer à cet égard, entraînant de très-longues discussions à leur suite, apporteraient beaucoup d'ennui, et fort peu de fruit à nos Lecteurs. En conséquence nous allons nous borner à dire deux mots de la distribution intérieure de ce monument.

La rangée de colonnes et d'antes située à la face de l'Est, nous a fait supposer qu'il y en avait une semblable à la face opposée.

Les trois colonnes placées au milieu de l'intérieur dans la direction *longitudinale* de cet édifice, indiquent qu'un rang de colonnes se prolongeait dans toute sa longueur.

N'ayant trouvé aux antes aucune trace d'existence de mur, ni de fondation propre à le soutenir, nous avons été portés à croire qu'il n'y en avait pas eu. Mais ayant remarqué que de distance en distance le sol était élevé de la hauteur d'un dégré, nous avons pensé qu'il pouvait bien avoir été continu, et avoir servi à porter un rang de colonnes dans la direction *longitudinale* d'une ante à l'autre. Ces colonnes auraient donc soutenu la continuité de l'architrave marquée K, fig. A, Planche XI et XII.

La distribution de cet édifice en péristile à jour et aéré nous ayant fait adopter l'idée qu'il pouvait bien avoir servi de galeries ou pour se promener, ou pour traiter d'affaires de commerce, etc., nous nous sommes d'autant plus aisément déterminés à lui donner le nom de *Basilique*, que les Anciens désignaient sous ce nom les lieux publics consacrés à de pareils usages.

DE PÆSTUM.

CHAPITRE HUITIEME.

Recherches et description des autres Edifices de Pæstum, dont il ne reste plus que des vestiges incertains. Voyez Pl. I et XIII.

ARTICLE PREMIER.

Du Cirque, et des Chapiteaux trouvés dans les fouilles.

PRESQU'AU centre de la Ville, entre les deux derniers édifices que nous venons de décrire, au lieu marqué F sur le plan particulier de Pæstum, Planche I, on remarque une très grande esplanade assez unie, d'environ trente à quarante mètres de long, sur dix-huit à vingt de large. Cette esplanade paraît avoir été pavée en pierres, au pourtour de l'intérieur ; ce qui même est assez probable d'après quelques vestiges de ce pavé qu'on y voit encore, et qui est formé de grandes pierres de près de deux mètres, carrées.

Il est impossible de déterminer quelle forme avait cette esplanade à sa partie orientale. Son extrémité occidentale se distingue avec plus de facilité ; et il paraît qu'elle se terminait en portion circulaire, si l'on en doit juger par les quatorze socles carrés en pierre qui la circonscrivent, dont huit sont disposés suivant cette forme. Sur onze de ces quatorze socles restent encore des tambours de colonnes sans base ; ces tambours sont taillés de seize cannelures à vive-arête, comme le sont les colonnes du grand Temple : ils ont 0,768 de diamètre.

Nous n'avons découvert aucune trace de mur. Au reste, en remarquant que le sol de l'esplanade sur lequel portent les colonnes, étoit plus élevé d'un demi-mètre, que le sol général de la Ville, nous avons pensé que cet édifice pouvait bien avoir été un lieu public où la jeunesse se livrait à différents jeux et à différents exercices, et où elle se formoit à la pratique des évolutions militaires. Et c'est d'après ce sentiment que nous avons adopté la dénomination de *Cirque* que nous avons donnée à ce monument (1).

Le peu de fouilles que nous avons pu exécuter dans son pourtour, nous ayant fait découvrir deux chapiteaux, fig. E et F, Planche XIII, dont la sévérité et la pureté annoncent un travail Grec, ce n'a pas été sans le chagrin et la douleur les mieux sentis que nous nous sommes vus forcés de discontinuer nos

---

(1) Major nomme cet édifice un *Théâtre*.

nos recherches, faute de moyens pécuniaires. Faut-il hélas ! que presque toujours la Fortune seconde si mal le zèle et la bonne volonté des Artistes les plus avides de découvertes utiles.

Cependant nous dirons que nous sommes éloignés de croire que les chapiteaux ayent appartenu aux colonnes de cet édifice, car 1°. Les diamètres des colonnes de ces chapiteaux sont différents, 2°. Les fûts de leurs colonnes sont lisses, et ceux des tambours sur les socles sont cannelés. Quel vaste champ ouvert aux personnes aisées qui voudraient faire des fouilles dans cette partie ! (2).

ARTICLE SECOND.

De l'Amphithéâtre, fig. D, Planche XIII (3).

Les restes de cet édifice, placés à douze décamètres à l'Est de celui que nous venons de décrire, sont insuffisants pour nous donner une idée exacte de son état ancien : cependant *il en existe encore assez pour pouvoir assurer que c'était un amphithéâtre* (4).

Cet édifice étant entièrement encombré par les débris de la destruction de sa partie supérieure, lesquels sont encore recouverts de terre, et n'ayant pu y faire de fouilles par les raisons déduites à l'art. précédent, nous nous bornerons à rapporter ce qu'en dit Major, pag. 33, à quoi nous ajouterons les remarques et les observations que nous y avons faites nous mêmes. Major s'exprime ainsi : » Les Ruines de l'Amphithéâtre se trouvent presqu'au centre de la Ville. Cet » amphithéâtre a 175 pieds de long sur 120 de large. Tous les caveaux sou- » terrains subsistent encore. Au-dessus se voyent les restes de dix rangées de » siéges. A l'un des bouts est une arcade, dont la courbure est plus qu'à moitié » ruinée ; elle semble faire partie de celles qui entouraient tout l'espace de cet » édifice, et qui servaient à soutenir un second escalier ».

Cette arcade et les restes de ces dix rangées de siéges, ou sont détruits ou sont ensevelis sous les ruines. La remarque principale que nous avons faite, et que nous croyons digne d'être rapportée, c'est l'enfoncement du sol de l'arène.

---

(1) Le citoyen Cassas, auteur du Voyage pittoresque de Syrie et d'Egypte, dont plusieurs livraisons ont déja paru, nous a dit avoir trouvé il y a treize ans dans cet endroit même, et presque sans recherches, des colonnes, des chapiteaux et un entablement d'ordre Corinthien d'un genre et d'une exécution faits pour inspirer le plus grand intérêt. Nous avouons n'avoir rien trouvé de ces fragments.

(3) Voyez aussi, Planche II, dans la premiere et troisieme vues, les restes de cet Amphithéâtre placés dans le plan particulier de la Ville, Planche Ire, au lieu marqué E.

(4) Le Traducteur de l'anonyme Anglais, lui fait dire pag. 12. « Les principales antiquités de Pæstum consistent en *trois*

Théâtres et trois *Temples* ; le *Théâtre* et l'Amphithéâtre sont » presqu'entièrement détruits : celui ci avait dix rangs de siéges » pour les Spectateurs ; son plus grand diamètre portait en- » viron 130 pieds (45 *mètres*) et le moindre 80 « (25 *mètres* » *à-peu-près.*) 1°. Nous ne trouvons point d'exactitude dans ces mesures ; celles que nous en a donné Paoli, nous paraissent plus exactes : ce sont celles que nous avons rapportées, fig. D, Planche XIII, et que nous avons trouvé justes autant que possible dans un édifice recouvert de deux ou trois mètres de décombres. 2°. Nous ne savons pas ce que le Traducteur, dans ce passage très-obscur, appelle les *trois Théâtres*.

Le

Le sol de l'arêne de cet Amphithéâtre est de deux à trois mètres plus bas que le sol général des environs. Nous croyons pouvoir conjecturer que l'esplanade en a été creusée, et que le premier dégré, c'est-à-dire, le plus élevé, était au niveau du sol extérieur de l'édifice. Il nous paraît même probable que cet Amphithéâtre était beaucoup plus profond qu'il le paraît aujourd'hui. Le vide de l'arêne ne peut-il pas avoir été rempli par les débris de la partie du pourtour qui servait sans doute de décoration à l'extérieur de ce monument?

Entre l'Amphithéâtre et le Cirque, dans le lieu marqué S sur le plan particulier de la Ville, Planche Ire, se voit encore un monceau énorme de débris et de ruines, dans lequel nous n'avons fait aucune fouille. L'anonyme Anglais dit que c'était un *Théâtre*, et Paoli affirme que c'était une *Fontaine*. La masse imposante des débris annoncerait que le premier mérite plus de confiance. Quoiqu'il en soit, ni l'un ni l'autre ne donnent aucune raison de leur opinion.

ARTICLE TROISIEME.

Des Portes, des Tours, des Murs et des Aqueducs, Planche XIII, fig. A, B et C.

Nous avons vu, pag. 19, qu'il y avait peut-être quatre portes dans le pourtour de l'enceinte de la ville de Pæstum, ce que l'anonyme Anglais assure, en disant » elle est percée de quatre portes placées à l'opposite l'une de l'autre «. Mais de ces quatre portes il n'en existe plus qu'une seule à l'Est, marquée P dans le plan particulier de la Ville, Planche I. La fig. C, Planche XIII, offre le plan de cette porte; et les fig. A et B, les façades intérieure et extérieure.

Le rang de voussoirs qui forme l'arc, existe encore en entier. On remarque sur la clef, aux deux faces de cette porte, un reste d'ornement presqu'entiérement détruit. Cet ornement peut avoir représenté une Sirène, ou quelqu'autre monstre marin. Paoli affirme que cet ornement représentait une Sirène qui semblait traverser l'épaisseur de la porte, car dit-il » d'un côté on voit la tête et » les bras de la Sirène, et de l'autre, sa croupe et sa double queue «. L'anonyme Anglais dit » sur la clef du ceintre d'une de ces portes, située au Nord (5) et » du côté de la campagne, se voit en bas relief la figure de Neptune; et sur » cette même clef et du côté intérieur de la Ville, est aussi en bas relief la figure » d'un *Hippocampus* ou cheval marin.

Il est bien à regréter que ces auteurs ne soient pas d'accord, et que ni l'un ni l'autre ne nous ayent laissé un dessin assez soigné et assez grand pour mériter quelque confiance. Nous avons rapporté le sentiment de l'un et de l'autre

---

(5) Ne serait-ce pas plutôt à l'Est qu'il aurait dû dire? S'il ne se trompe pas, il existait donc encore de son tems une porte au Nord, sur le chemin de Naples.

sans rien garantir, parce que les vestiges de ce fragment ne permettent plus de voir ce que représentait cet ornement.

Cette porte formait dans l'épaisseur du mur une espece de vestibule, où est encore un passage P, fig. C, Planche XIII, qui servait probablement d'entrée à un escalier qui conduisait sur la muraille et au reservoir des eaux de l'Aqueduc, dont on voit encore quelques vestiges dans la partie supérieure de ce mur. Nous pensons qu'indépendamment du reservoir il y avait encore un corps-de-garde, dans l'épaisseur prodigieuse du mur en cet endroit-là.

Cette porte forme à l'extérieur de la Ville un avant-corps assez considérable, mais de peu de largeur, et à l'intérieur, un autre avant-corps ayant une saillie égale, mais ayant le quadruple de largeur.

Tout ce que nous avons dit des Tours et des Murs, pag. *19* et *20*, et ce que nous aurons encore occasion de dire des Aqueducs au Chap. suivant, suffira sans doute, et doit nous dispenser ici de nous étendre davantage sur ces objets.

ARTICLE QUATRIEME.

Du Bâtiment Corinthien.

Au lieu marqué O sur le plan particulier de la Ville, Planche Ire, et flanqué à la partie K K de la muraille, sont les restes d'un grand Edifice, d'environ quinze à seize mètres de face sur six à huit d'épaisseur. Cet édifice paraît avoir été divisé dans son intérieur par quatre murs qui traversaient toute son épaisseur, et qui formaient cinq salles contigues. Il ne reste plus rien des façades. Mais on trouve dans les débris une quantité prodigieuse de pilastres droits, pliés, cannelés, les uns en lignes droites, les autres en lignes contournées. On y trouve encore d'autres fragments de pilastres de largeur différente sans cannelures. Tous ces pilastres sont décorés de chapiteaux Corinthiens qui par leur genre bizarre tiennent plutôt du gothique, que de l'architecture Grecque. Ces chapiteaux ne présentent que des feuilles de choux, que des feuilles de chardon, et des queues de poisson d'un très mauvais dessin.

Nous n'avons pas cru devoir employer notre tems à dessiner cette multitude d'ornements gothiques et barbares.

Il serait peut-être très-difficile de déterminer au juste l'époque de la construction de cette fabrique. Nous ne pensons pas qu'elle soit une production des Romains. Il est plus probable de croire qu'elle est l'ouvrage des peuples que Robert Guiscard amena avec lui, et qu'il établit dans cette contrée.

DE PÆSTUM.

CHAPITRE NEUVIEME.

Description des matériaux dont les Edifices de Pæstum sont composés, et conjectures sur la maniere dont ces Edifices ont été construits.

ARTICLE PREMIER.

Des Aqueducs.

Les restes des Aqueducs que l'on apperçoit hors de la porte de l'Est (voyez pag. 21) ne présentent plus que des piles massives, composées de pierres d'un mètre et de deux mètres et demi de long, sur quatre à cinq décimètres de hauteur, assemblées à joints croisés ou d'appareil, assez irréguliérement. Malgré son irrégularité, cet appareil ne laisse cependant pas de joints d'a-plomb, immédiatement les uns au-dessus des autres. Ces joints et les lits horizontaux sont remplis d'un mortier de chaux et sable, dans lequel se trouve beaucoup de cailloutage pilé et agglutiné par la chaux éteinte.

Nous avons remarqué plusieurs parties d'assises, et même des assises entières à la surface *seulement* du parement, formées de briques cuittes et de briques crues, faites de pierres pilées et de chaux. Nous pensons que ses assises ainsi incrustées ne sont que des restaurations. Le désordre qu'elles présentent dans l'irrégularité de leur symmétrie, est ce qui sert à appuyer notre sentiment; et ayant eu d'ailleurs occasion d'examiner d'autres édifices, nous avons remarqué que les Anciens observaient la symmétrie la plus rigoureuse dans ces mélanges d'assises de briques et de pierres, et que même ils les employoient comme décorations.

ARTICLE SECOND.

Des Murs, des Portes, et des Tours de l'enceinte de la Ville.

Tout ce que nous venons de dire dans l'art. précédent sur la construction des Aqueducs, peut s'appliquer à la construction de l'enceinte de la Ville; ainsi nous nous bornerons à rapporter ce qu'en dit l'anonyme Anglais. Voici comme s'exprime son Traducteur, pag. 11 et 12. » A en juger par ce qui en subsiste
» encore, les murs de l'enceinte étaient construits de fort grosses pierres cubi-
» ques, dont les parements dressés avec le plus grand soin, suivant la méthode
» ordinaire des Anciens, se joignaient parfaitement : cette premiere cause de

» leur longue résistance aux injures du tems, paraît avoir été puissamment se-
» condée par des concrétions, ou des stalactites, qui en se formant sur les pierres,
» les ont, pour ainsi-dire, encastrées et comme revêtues d'un nouvel enduit (1).

» Ces murs en général assez épais par-tout (2), avaient jusqu'à 18 pieds
» d'épaisseur en quelques endroits. Ils étaient fortifiés de distance en distance
» par des tours de différentes proportions; celles, par exemple, qui avoisinent
» les portes de la Ville, sont beaucoup plus hautes (3) et d'un plus grand dia-
» mètre (4) que les autres : on les reconnaît évidemment les unes et les autres
» pour être de construction moderne.

» Les carrières du voisinage fournirent les pierres qu'on employa, tant à bâtir
» les Aqueducs, qu'à la construction des remparts. Quant aux colonnes des tem-
» ples, la pierre en est d'une nature totalement différente : *on la tira des mon-*
» *tagnes, au-dessus de Capaccio Vecchio.* (5)

ARTICLE TROISIEME.

Du grand Temple, Planche V,

Le sol du portique général est pavé de grandes pierres de largeur inégale, mais qui presque toutes ont de longueur la distance du milieu d'une colonne à l'autre, et pour épaisseur la hauteur du dégré supérieur quelles forment.

(1) Quoiqu'il en soit de ce rapport, on distingue très-bien les joints et les lits de cette muraille, qui peuvent avoir huit à dix millimètres de large, et sont remplis d'un mortier de même nature que celui des Aqueducs.

(2) Nous en avons donné les proportions dans la description topographique, pag. 19.

(3) Aujourd'hui toutes ces tours sont réduites à la même hauteur par la destruction.

(4) Le mot de *diamètre* est impropre : il ferait croire que les tours sont rondes, tandis qu'elles sont carrées.

(5) Ce dernier paragraphe de l'anonyme Anglais n'est pas dans l'exacte vérité. Il est bien vrai qu'au premier aspect les pierres des Aqueducs et des Murs paraissent différentes de celles des Temples, mais en les analysant on les retrouve de la même nature. Pour nous en assurer, et pour donner plus de confiance à nos Lecteurs, nous avons soumis des fragments des unes et des autres à l'examen du citoyen Sage, Professeur de la première Ecole des mines de la République. Ce Savant Minéralogiste à bien voulu nous accueillir, et a eu la bonté de nous donner l'analyse que nous rapportons ici, des pierres des Aqueducs, de celles des Murs, de celles des Temples, ainsi que du mortier ou stuc qui couvrait les trois Temples.

» *Pierres de la muraille et des aqueducs de Pæstum.*

» Dépôt calcaire mameloné, d'un blanc grisâtre formé à
» la manière des stalagmites ; on y trouve des impressions
» de feuilles. Ce dépôt, de la nature de l'albâtre, a de la
» solidité, quoiqu'il ait des interstices.

» *Pierres des colonnes des Temples.*

» Dépôt calcaire d'un blanc grisâtre en partie composé de
» stalagmites mamelonées, ou albâtre grossier. Cette pierre
» plus compacte que la précédente, offre encore des intersti-
» ces, des pores, et des cilyndres creux dus à la destruction
» de substances végétales.

» Une cassure de cette pierre offre une petite coquille
» contournée en spirale comme la corne d'Ammon.

» *Enduit de stuc calcaire qui recouvre les édifices de Pæstum.*

» Cet enduit est formé d'un mortier fait avec une espece
» de sable très-fin aggluttiné par la chaux : mortier sur le-
» quel on passe plusieurs couches de chaux éteinte, qu'on
» polit ensuite par le frotement.

Nous pensons que les pierres qui ont servi à la construction des trois Temples, ont été tirées des carrières de *Vietri*.
Nous n'avons point visité celles de *Capaccio*, mais nous sommes allés dans les grottes immenses de *Vietri*, où nous avons
trouvé des tambours de colonnes encore restés dans la car-
rière. Ces tambours sont d'un diamètre égal à ceux des colonnes de *Pæstum* ; mais ils ne sont point cannelés.

Tout l'intérieur de ce vaste souterrain est absolument de
même nature que les fragments que nous avons soumis à
l'analyse du citoyen Sage, et dont nous avions pris soin de
nous munir, afin de les comparer.

Les colonnes sont presque toutes composées de cinq tambours pour leurs fûts, et d'un sixieme pour les chapiteaux. Ce dernier est réuni aux autres dans un des creux de l'astragale.

Nous avons remarqué qu'il y avait une différence considérable dans les hauteurs des joints de ces tambours. Les uns ont deux millimètres, les autres quatre, six, huit et jusqu'à dix et douze millimètres d'épaisseur. Il en est même qui ont jusqu'à un centimètre et demi.

Ces derniers nous ont fait penser que ces tambours avaient été posés sur des lits de mortier de chaux et de sable fin ; mais l'extrême petitesse des autres nous a fait présumer que ces tambours avaient été assis en frotant par un mouvement de rotation.

Ce qui a fondé notre opinion, paraît mériter d'être détaillé. Les colonnes du deuxieme ordre sont en grande partie détruites, et la plupart de leurs tambours sont épars dans tout l'espace qu'occupe cet édifice. Nous les avons examinés avec soin, et *nous avons vu qu'en général les lits y sont dressés avec la plus grande attention.*

Au centre de chacun de ces lits, est un creux circulaire A, C, E, Planche V, fig. E et F, de 9 à 10 centimètres de diamètre sur autant de profondeur. Au milieu de ces creux est un petit trou ou canal A de 4 à 6 millimètres de diamètre, qui traverse toute l'épaisseur des tambours (6), et qui répond au centre des autres creux CE des faces opposées. Les tambours ainsi formés et posés les uns sur les autres, le vide que laissaient les deux creux contigus, pouvait être rempli d'un cylindre D en pierre ou en bois qui servait à les retenir ; et nous pensons qu'on frotoit les lits en tournant horizontalement, et qu'on arrosoit par le trou supérieur C qui servait d'auget.

Il résultait nécessairement du frotement dont nous parlons, une poudre très fine, qui avec l'eau, vraisemblablement de chaux *ou de* jagre (7), *avec laquelle on arrosait, formait un mortier extrêmement fin, et d'une consistance égale à celle de la pierre la plus dure.* Tel est le mortier qui lie les tambours des colonnes des édifices de Pæstum, mortier que les Anciens ont employé, et dont les peuples de l'Asie font encore usage.

Les colonnes inférieures, extérieures et intérieures, ainsi que les antes et leur architrave, paraissent être construites de la même maniere et suivant les mêmes principes.

L'architrave est formée de grosses poutres de pierre qui occupent toute sa

---

(6) Nous avons aussi remarqué que ces canaux sont remplis d'un mortier extrêmement dur, semblable à celui des joints. Ce n'est qu'en y faisant bien attention qu'on s'apperçoit que ce centre est d'une autre nature que le reste de la pierre.

(7) Voyez le Mémoire et les Recherches sur le mortier des Anciens, par M. de la Faye.

hauteur et toute son épaisseur, et dont les extrémités portent a-plomb du milieu de chaque colonne.

La frise est aussi formée de grosses pierres cubiques de même épaisseur que celles de l'architrave ; elles ont de hauteur toute celle de la frise, et leur longueur comprend la largeur d'une métope et d'un triglyphe réunis.

A la corniche, les pierres sont de toute sa hauteur, et sont posées à joints d'apareil avec celles de la frise.

Le tympan est composé de pierres qui n'ont de commun avec les autres que l'épaisseur et l'ajustement des joints ; car elles sont en tout plus courtes et moins hautes.

Le scellement ou canal dont nous avons parlé pag. 56, nous porte à croire qu'il est possible qu'il y ait une ceinture en fer ou en bronze incrustée sur l'assise de la frise, c'est-à-dire, entre la frise et la corniche. Nous n'avons voulu rien démolir pour nous en assurer. Les habitants eux-mêmes fourniront peut-être avant peu les moyens de se convaincre de l'existence de ce *lien général de l'édifice*.

Mais ce que nous avons remarqué avec autant d'intérêt que de surprise, c'est la maniere dont les murs du Temple étaient construits. Il paraît qu'on avait régulièrement suivi, dans le cours des assises, la marche de mettre immédiatement un *parpaing* et une *boutisse* à côté l'un de l'autre, et souvent même une assise entiere de l'un sur une assise entiere de l'autre. Voyez ce que nous avons dit pag. 36 et 37. On trouve la preuve de notre opinion tant dans les parties du mur qui existent encore, (voyez Planche V), que dans le rang de pierres-boutisses, qui soutient encore aujourd'hui le sol intérieur du Temple, lequel est détruit à mi-mur dans presque toute sa circonférence, comme nous l'avons dit aux pages précitées.

Les détails que nous avons donnés ci-dessus dans la description des escaliers, de la charpente et de la couverture, joints à ceux dans lesquels nous venons d'entrer, nous paraissent suffire pour donner une idée satisfaisante de la maniere dont cet édifice est construit.

ARTICLE QUATRIEME.

De la Basilique et du petit Temple.

TOUTES les colonnes de ces deux édifices, les trois dégrés qui les soutiennent, et la face de l'architrave sont composés de pierres semblables, et construits de la même maniere que ceux de l'édifice précédent : mais tout ce qui surmonte la face de l'architrave, est indubitablement composé de matériaux différents, et d'une construction moins soignée.

On remarque dans ces deux édifices, que la partie supérieure de l'architrave est d'une pierre grenue et plus tendre, qui ressemble assez à un *travertin* mal agglutiné, que le tems fait tomber en poussière.

Dans le petit Temple, les pierres qui surmontent la frise, ne font pas parpaing comme au grand Temple; elles ont même fort peu de liaison, et c'est là sans doute la cause de la destruction de presque toute la corniche de cet édifice. D'ailleurs les joints et les lits qui, dans cette partie, séparent les pierres, sont d'une très-grande largeur, si on les compare avec les autres, et sont remplis d'un mortier de chaux et sable assez grossier, ce qu'on ne voit pas dans les assises des colonnes qui sont construites de la même maniere que celles du grand *Temple*.

On est porté à croire que la même cause qui, comme on vient de le dire, a détruit presque toute la corniche du petit Temple, est aussi celle qui a ruiné entièrement la corniche de la Basilique, dont en effet il ne subsiste plus aucun vestige.

Ces observations jointes au genre de décoration, aux ornements des chapiteaux, et aux formes des moulures qui caractérisent les restes des parties supérieures de ces édifices, nous ont fait conjecturer que la plus grande partie de ce qui les constitue, doit être nécessairement d'une construction postérieure à celles des colonnes : ce que nous éclaircirons dans le Chapitre suivant.

ARTICLE CINQUIEME.

De l'Amphithéâtre.

Nous regréterons toujours de nous être trouvés dans l'impossibilité de faire les fouilles nécessaires dans cet édifice : sans doute que des recherches qui y seraient ingénieusement dirigées, produiraient des découvertes aussi intéressantes qu'utiles. Cependant dans le peu de ses débris que nous avons pu fouiller, nous n'avons apperçu que des massifs informes de briques et de mortier.

Major termine avec raison sa partie descriptive par manifester son désir de voir fouiller cette partie intéressante ; et comme nous partageons le même désir, nous nous bornerons à rapporter ses propres paroles. Il s'exprime ainsi, pag. 33.
« Si des personnes intelligentes faisaient creuser avec soin aux environs de
» l'Amphithéâtre, et dans le voisinage du grand Temple, il y a beaucoup d'ap-
» parence qu'ils se trouveraient bien dédommagés de leurs peines et de leurs
» dépenses. Peut-être que dans la suite on déterrerait quelques inscriptions, qui
» mettraient en état de porter un jugement éclairé sur tous ces édifices, dont
» les noms mêmes se trouvent aujourd'hui ensévelis dans l'oubli ».

CHAPITRE DIXIEME.

Parallele des Edifices de Pæstum, et de ceux d'Athènes et de Rome, d'où l'on conclut la construction des Temples de Pæstum.

ARTICLE PREMIER.

Parallele des ordres Doriques du grand Temple de Pæstum, et de ceux du Temple de Thésée et du Parthénon d'Athènes, Planche XIV.

Ce qui doit au premier aspect caractériser le plus fortement la ressemblance de deux ordres, c'est sans doute le diamètre de la colonne comparé avec sa hauteur, et la proportion de l'entablement avec cette même hauteur de la colonne. Mais n'est-il pas pour l'artiste observateur d'autres moyens de découvrir le goût inné des Nations, et le type caractéristique qui distingue essentiellement celles qui ont cultivé l'architecture ? c'est ce que nous allons essayer de faire.

Les trois édifices que nous comparons, different très-peu entre eux sous ces deux premiers rapports.

Les colonnes du grand Temple de Pæstum ont quatre diamètres et demi de hauteur, celles du Temple de Thésée et celles du Parthénon en ont cinq et demi ; proportion très raprochée, comparée avec les ordres Doriques des derniers siecles. Les entablements different encore moins au Temple de Pæstum et à celui de Thésée ; ils ont un peu moins du tiers de la hauteur de la colonne, et au Parthénon, un peu plus. Voilà deux caractères distinctifs qui prouvent que, si ces trois édifices n'ont pas été construits par les mêmes peuples, ils ont du moins été conçus dans les mêmes principes. Mais voyons si, dans les détails, nous ne trouverons pas une analogie encore plus frapante, et peut-être la preuve certaine que ces trois édifices ont été construits si-non dans le même tems, au moins par la même Nation.

Les trois dégrés, qui soutiennent les colonnes, d'une hauteur considérable en proportion avec leur saillie, sont semblables dans ces trois édifices. Toutes les colonnes sont aussi sans base dans tous les trois, et cannelées de la même maniere. Leur galbe est formé d'une seule ligne droite de bas en haut.

Les chapiteaux sont composés d'un tailloir simple, d'une grande moulure plate, de trois annelets et d'un astragale formé de filets en creux.

L'architrave est encore la même à chacun de ces trois édifices. On y remarque même cette singularité caractéristique des Grecs, qu'elle est en porte-à-faux sur le diamètre supérieur des colonnes.

La

La frise sur-tout offre la ressemblance la plus frapante. La distribution des trygliphes, en partant de l'angle, leur a-plomb sur la face de l'architrave, et la métope extrêmement enfoncée ne permettent point de douter que l'invention de ces détails n'ait été le résultat et le fruit d'études faites sous les mêmes Maîtres. Qu'on observe les cannelures des triglyphes, leur profil supérieur, ainsi que celui du sommet de la face même des triglyphes, on y appercevra une ressemblance presque parfaite. Dans la corniche, on y trouvera plus d'un sujet de se convaincre de cette analogie parfaite. En examinant les chapiteaux de métope, ceux des triglyphes, les mutules et leur inclinaison, on y retrouvera le même type, le même génie, la même marche dans la distribution des détails harmoniques et dans l'opposition savante des moulures contrastantes les unes avec les autres. Veut-on encore consulter dans ces édifices, le rapport des entre-colonnements entre eux et le diamètre même des colonnes, on trouvera que les espacements des colonnes diminuent à mesure qu'ils s'approchent des angles, et que les colonnes des angles sont plus fortes que les autres. Que faudrait-il de plus pour être convaincu que ces trois édifices ont été construits dans le même tems, et par le même peuple?

ARTICLE SECOND.

Parallèle des ordres Doriques de la Basilique et du petit Temple de Pæstum, et de ceux du Théâtre de Marcellus et du Colisée à Rome, Planche XIV.

Les masses principales de la Basilique et du petit Temple ont un rapport direct avec les trois édifices dont nous venons de parler, et il est probable que ce sont les mêmes peuples qui les ont construits. Il semble d'abord qu'on ne puisse leur trouver aucune analogie avec les édifices de Rome auxquels nous les comparons : cependant nous allons faire voir que malgré leur ressemblance avec ceux d'Athènes, ils comportent un style qui les distingue essentiellement de ces derniers, et qui les fait précisément concorder avec ceux de Rome.

Les colonnes de la Basilique ont un galbe contourné, ainsi que l'ont celles du Théâtre de Marcellus et du Colisée. Nous retrouvons des bases aux colonnes intérieures du petit Temple, et on en voit aussi à celles du Colisée (1). Les chapiteaux de la Basilique et ceux du petit Temple sont ornés de moulures, et ont une gorge renfoncée. Les chapiteaux du petit Temple ont un astragale saillant (2), et ceux du Théâtre de Marcellus et du Colisée en ont également un saillant.

L'architrave du petit Temple et celle de la Basilique avaient des moulures, qu'on ne voit point aux ordres Grecs, et que l'on retrouve au Colisée.

---

(1) Nous n'avons pas d'exemple de bases aux colonnes Doriques, chez les Grecs.

(2) Même observation qu'à la note ci-dessus. Les Grecs n'ont jamais fait d'astragale saillant aux chapiteaux Doriques.

Dans la frise du petit Temple et dans celle du Théâtre de Marcellus, on trouve une demi-métope à l'angle, et non pas un triglyphe. Les triglyphes y sont en saillie sur la face de l'architrave (3).

Dans la corniche du petit Temple et dans celle du Colisée, on ne voit point de mutules. Le plafond du larmier y est horizontal, sans la moindre inclinaison: il y est soutenu par des moulures et des filets multipliés.

Ces différences essentielles avec les ordres Grecs, et ces ressemblances frappantes avec les détails caractéristiques des ordres Romains, nous ont fait penser que tous ces détails et même le galbe contourné des colonnes de la Basilique ne sont que des restaurations; sur-tout si l'on considère, comme nous l'avons remarqué pag. 67, que la plupart d'entr'eux, et particuliérement tout ce qui surmonte les colonnes, sont de construction postérieure à l'exécution primitive de ces édifices. Nous croyons même pouvoir prouver tout à l'heure que *les colonnes elles-mêmes ont été diminuées de diamètre, et changées de galbe* (4) par les Romains, afin de les ajuster à *leur maniere de voir et de sentir les proportions de l'architecture*, qu'ils trouvaient trop grandes et trop sévères chez les Grecs.

ARTICLE TROISIEME.

Conjectures sur l'état ancien des Colonnes et des Chapiteaux de la Basilique et du petit Temple.

Nous avons peut-être prouvé par ce que nous venons de dire, que la Basilique et le petit Temple de Pæstum ont été construits par les Grecs, et restaurés par les Romains. Passons maintenant à l'exposition des raisons qui nous ont fait croire que leurs colonnes ont éprouvé le même sort que le reste.

D'abord on ne voit plus de différence entre le diamètre (5) des colonnes des angles et celui des colonnes intermédiaires. Une autre observation non moins digne de remarque, et que nous avons déja faite ailleurs, c'est le galbe contourné des colonnes de la Basilique. Nous avons en effet remarqué pag. 55, que si l'on continuoit en ligne droite l'inclinaison supérieure du galbe (6), le prolongement de cette ligne dépasserait la saillie du premier dégré; mais nous verrons bientôt que les dégrés eux-mêmes ont aussi été coupés sur leurs faces.

Nous pensons que ces colonnes ayant paru trop grosses ou trop courtes, les Romains les auront diminuées de diamètre, en leur donnant un certain mouvement dans le galbe (7), et c'est peut-être cette restauration qui aura fait

---

(3) Pratique moderne qui ne remonte pas plus haut que les derniers tems des Romains.

(4) Ce que nous disons ici n'est pas une conjecture hazardée. Voyez Plutarque, vie de Publicola, pag. 105, où il est question du temple de Jupiter Capitolin, sous Domitien.

(5) Nous parlons ici du diamètre supérieur seulement, l'état de dégradation de la partie inférieure des colonnes ne permettant pas de le vérifier.

(6) Voyez Planche XII, fig. C.

(7) Ce que malheureusement on a long-tems appelé *donner*

perdre aux cannelures le caractère distinctif des ouvrages Grecs. Voyez pag. 28.

On pourroit objecter que de notre opinion il doit nécessairement résulter que ces colonnes n'auraient eu que trois diamètres au plus de hauteur, et qu'elles auraient présenté un cône très rapide et désagréable : mais les deux dernieres figures de la Planche XIV, répondent clairement à cette objection, en faisant voir que leurs chapiteaux peuvent avoir été de la forme et de la proportion de ceux, ou des Propylées, ou du Temple de Thésée à Athênes, ou même du Temple de Thoricion. Si cela a été ainsi, c'est-à-dire, si les chapiteaux de la Basilique ont été dans la proportion de ceux du Temple de Thésée, il est probable que ces colonnes avaient un galbe en ligne droite, sans présenter un cône si rapide, et que la ligne du galbe prenant une direction moins oblique, arrivait à la partie inférieure de la colonne en un point O (8) mitoyen entre les points G et K.

Cependant ce point O se trouve encore en dehors de la face du premier dégré : mais si en même tems on considère que les dégrés de cet édifice *seulement* sont plus larges que hauts, on pensera peut-être comme nous, que ces dégrés ont aussi été recoupés sur leurs faces.

Cela supposé, il résulte que les colonnes avaient quatre diamètres de hauteur, ce qui n'est pas sans exemple dans les édifices des Anciens, et sur-tout dans ceux qui ont un nombre impair de colonnes aux faces extrêmes, tel que celui de la Basilique. L'Egypte et la Grèce nous offrent des exemples de cette singularité dans des édifices de la plus haute antiquité, dont les uns sont décrits par Pococke, et les autres par David Le-Roy.

ARTICLE QUATRIEME.

Epoques présumées de la construction des trois Temples de Pæstum.

DE tout ce que nous avons dit dans le cours de cet Ouvrage, et particuliérement dans les art. précédents, il paraît tout simple de conclure que les principaux édifices de Pæstum, que nous avons nommés *le grand Temple*, *le petit Temple*, et *la Basilique*, ont été construits par les Grecs ; mais que les deux derniers ont été restaurés par les Romains à des époques que nous croyons pouvoir déterminer par le caractère même des édifices, et par celui des details des restaurations.

Du grand Temple.

L'analogie parfaite que nous avons fait remarquer, et qui existe entre les pro-

---

de la grace, en abusant ainsi sans connaissance et sans but d'un principe que les Romains n'ont suivi que pour les colonnes colossales dont la base posait sur le sol. Les Romains ne se seraient jamais avisés d'élever sur un piédestal de 5 à 6 mètres de haut, la colonne que les Modernes ont été placer ainsi devant l'Eglise de Sainte Marie-Majeure à Rome ; ils l'avaient posée sur le sol dans le temple de la Paix, car ils connaissaient trop bien les régles et les effets de l'optique pour poser une colonne renflée ailleurs que sur le sol. Si on eut été bien pénétré de ce principe, les colonnes du dôme du Panthéon Français n'auraient point un galbe renflé à leur milieu.

(8) Voyez fig. C, Planche XII.

portions principales de cet édifice, et plus particuliérement encore par rapport à ses détails (9), et celles du Temple de Thésée et du Parthénon, nous fait présumer que l'époque de sa construction doit se rapprocher de celle, où ces deux édifices d'Athênes ont été élevés. En conséquence serait-ce hazarder quelque chose de trop que de reporter l'époque de la construction du grand Temple de Pæstum, *aux commencements du regne de Périclès*, c'est-à-dire, à une époque intermédiaire entre l'érection du Temple de Thésée (10) et celle du Parthénon?

Du petit Temple et de la Basilique.

Nous pensons que par l'art. troisieme de ce Chapitre, il est clairement prouvé que les deux édifices dont il est ici question, ont subi des changements dans la forme de leurs masses, ainsi que dans le genre et dans le style de leurs détails. D'après la forme que nous avons supposée à leurs colonnes dans leur construction primitive, ces colonnes étaient d'une proportion très-courte, *ce qui nous porte à croire que l'époque de leur construction est plus ancienne, que celle où le grand Temple a été bâti*.

En adoptant cette opinion et celle énoncée dans l'art. troisieme de ce Chapitre à l'égard des colonnes de ces édifices, elles deviennent d'une très-courte proportion; et leur peu de diminution leur donne beaucoup de ressemblance avec celles des édifices d'Egypte, décrits par Pococke, et de ceux des premiers âges de l'architecture chez les Grecs, dont parle David Le-Roy. Et d'après le sentiment de ce Savant sur les colonnes de très-courte proportion, nous ne balancerons pas à croire que l'époque de *la construction de la Basilique et du petit Temple de Pæstum, est antérieure à celle du Temple de Thésée à Athénes*; mais nous avouons que nous ne pouvons la déterminer exactement, les Historiens anciens n'ayant rien laissé de positif sur le tems où les Grecs descendirent en Italie, et s'y fixèrent. Nous croyons plus facile de déterminer l'époque de leurs restaurations. L'analogie et la ressemblance frapantes des détails de ces édifices avec ceux de Rome avec lesquels nous les avons comparés dans l'art. deuxieme de ce Chapitre, ne nous laissent aucun doute que *ces restaurations n'ayent été faites par les Romains, ou dans les derniers tems de la République, ou dans le commencement du regne des Empereurs*.

---

(9) Détails que nous croyons intactes, c'est-à-dire, que nous croyons n'avoir éprouvé aucune restauration.

(10) Le Temple de Thésée a été construit par les ordres et aux frais de *Cimon*, général Grec, qui vivait dans la 2261eme année avant la fondation de notre République, c'est-à-dire, 2269 ans avant l'époque où nous vivons; et le temple de Minerve ou le Parthénon, a été bâti par *Ictinus*, architecte Grec, sous le regne de Périclès, dans la 84eme Olympiade, environ 2214 ans avant notre Ere Républicaine, c'est-à-dire, 2231 ans avant l'époque où nous écrivons.

DE PÆSTUM.

CHAPITRE ONZIEME.

Des Médailles trouvées dans les fouilles, Planche XIII.

Nous avons cru devoir publier ces Médailles de bronze, non seulement parce que nous les avons trouvées sur les lieux, et que nous les possédons, mais plus particuliérement encore parce qu'elle sont toutes Grecques, et de la ville de Pæstum, et qu'à l'exception de la deuxieme et de la troisieme, les cinq autres ne se trouvent qu'avec des différences parmi les Médailles qu'ont fait graver *Goltzius*, *Pellerin*, *Major*, *Magnan*, *Hunter* et *Paoli*.

De ces Médailles, celles indiquées N^{os}. I, VI et VII, ont été trouvées dans les fouilles que nous avons faites dans le vestibule du petit Temple ; celles N°s. II et V, l'ont été dans le vestibule du grand Temple, et les deux autres N°s. III et IV, ont été découvertes dans l'édifice que nous avons nommé le *Cirque*.

Leur explication donnée par le Citoyen de Tersan. (1)

N^o. I. Très-petite Médaille.

Face. Une tête de Diane portant un carquois. *Revers*. Un épi de bled avec la légende ΠΑΙΣ abrégé du mot ΠΑΙΣΤΑΝΟ (Pæstum), et le monogramme Q M.

N°. II. Très-petite Médaille.

Face. Tête d'Hercule jeune, coiffée d'une tête de lion. *Revers*. Une chouette sur une branche d'olivier, avec la légende ΠΑΙΣ.

N°. III. Très-petite Médaille.

Face. Les deux têtes des Dioscures, Castor et Pollux : sur leurs bonnets, image des œufs dont ils naquirent, on ne retrouve pas les étoiles qu'on voit souvent dans les Médailles qui les représentent. *Revers*. Un cygne, et pour légende M. SAI HE L.

Cette Médaille est plutôt de Camarina.

N°. IV. Moins-petite Médaille.

Face. Tête de femme jeune : on ne distingue point si elle avait des attributs qui pouvaient la caractériser. *Revers*. Un sanglier vu à mi-corps, au-dessus la

---

(1) Le reste de ce Ch. appartient en entier au cit. Campion-Tersan, savant Antiquaire, et homme de Lettres distingué, qui non seulement a bien voulu diriger le citoyen Gounod dans le dessin et dans la gravure de ces Médailles, mais encore a eu la bonté d'en donner l'explication intéressante que nous faisons imprimer telle qu'elle nous a été communiquée.

T

légende ΠΑΙΣ, au-dessous deux globules indiquant le *sextans*, 6e. partie de l'as. Cette Médaille qui est dans la Bibliothèque Nationale au cabinet des Médailles, se trouve gravée Planche VIII, n°. 34 du Recueil de Médailles de Villes de M. Pellerin, qui l'a donnée comme n'ayant jamais été publiée ; et c'est d'après lui que Th. Major l'a fait graver, Planche XXIV, fig. 17, de son Ouvrage sur Pæstum.

N°. V. Très-petite Médaille.

Face. Neptune debout menaçant de son trident qu'il tient élevé de sa main droite ; légende effacée de ΠΟΣ abrégé de ΠΟΣΕΙΔΩΝΕΑΤΑΝ (Posidonia). *Revers.* Un taureau dans l'action de fraper la terre avec ses cornes.

N°. VI. Petite Médaille.

Face. Neptune, comme dans le n°. précédent, et le *Revers* semblable : mais dans le champ de la Médaille, au-dessus du taureau, sont trois jambes, emblême de la Sicile, et l'on distingue entre les jambes du taureau Æ en monogramme.

N°. VII. Petite Médaille.

Face. Un lion passant. *Revers.* Une corne d'abondance, dans le champ quatre globules désignant le *trians*, tiers de l'as, et un symbole mal conservé.

DE PÆSTUM.

CHAPITRE DOUZIEME.

Tableau nominatif des nouvelles Mesures linéaires, établies en France, en l'an VI.

Les mesures linéaires suivant le principe décimal, n'étant pas encore généralement adoptées par toutes les Nations, nous avons cru nécessaire d'en donner un tableau qui en présentât toutes les dénominations, et devoir rapporter ici ce qu'en dit le citoyen Brisson dans l'introduction de son excellent Ouvrage, imprimé en Vendemiaire, an VII, chez P. Didot l'aîné, et ayant pour titre : *Réduction des mesures et poids anciens, en mesures et poids nouveaux, et des mesures et poids nouveaux, en mesures et poids anciens.*

L'Auteur s'exprime ainsi, pag. 7. » Les nouvelles mesures ordonnées par » Décret de la Convention Nationale, du 18 Germinal de l'an III de l'Ere » Républicaine Française (*7 Avril 1795, vieux style*) ne sont point des me-» sures arbitraires, comme le sont *toutes celles* qu'on a imaginées jusqu'ici : » elles sont fondées sur des bases fixes et invariables, et prises dans la na-» ture, *et même de maniere que l'élément de ces mesures peut être avoué* » *par tous les habitants de la terre* ; que chacun peut dire, *Cette mesure* » *m'appartient.*

» On a donc pris pour *mesure élémentaire* une partie décimale de la distance » du pôle à l'équateur, c'est-à-dire, une partie décimale du quart du mé-» ridien terrestre (1) ; et cet élément est la dixmillionième partie de cette » distance, qui vaut, en mesures anciennes, 36 pouces 11 lignes 441952 » millionièmes de *ligne* : et l'on a donné à cette mesure élémentaire le nom de » MÈTRE », qui signifie lui-même mesure.

En multipliant et en divisant le Mètre par dix, on forme le tableau suivant, qui présente toutes les dénominations des proportions décimales montantes et descendantes. Nous croyons que pour le saisir avec plus de facilité, il convient de partir du Mètre ou unité élémentaire.

---

(1) Il suit naturellement de ce procédé, que la circonférence de la Terre se trouve divisée en 400 degrés, de cent kilomètres chacun. C'est ainsi que nous avons établi la Carte du Royaume de Naples, Planche Iʳᵉ.

TABLEAU des nouvelles Mesures linéaires.

10.000 fois le	Mètre	ou dix fois le kilomètre		1 Myriamètre	1 my. mt.	ou 10.000,		5,132'-2pi-7po-0'.
1.000 fois le	Mètre	ou dix fois l'hectomètre		1 Kilomètre	1 k. mt.	ou 1.000,		0513'-1pi-5po-6'.
100 fois le	Mètre	ou dix fois le décamètre		1 Hectomètre	1 . mt.	ou 100,	Valeur en Mesures anciennes de France	0051'-1pi-11po-4'.
10 fois le	Mètre	. . . .	se nomme	1 Décamètre	1 dec. mt.	ou 10,		0005'-0pi-9po-8'.
Unité élémentaire	MÈTRE	[ou la dixmillionième partie du quart du méridien terrestre.]	et s'exprime	1 MÈTRE	1 mt.	ou 1,		0000'-3pi-0po-11'. 44/100
la 10ème partie du	Mètre	. . . .		1 Décimètre	1 d. mt.	ou 0,1,		0000'-0pi-3po-8'. 34/100
la 100ème partie du	Mètre	ou la 10ème du décimètre		1 Centimètre	1 c. mt.	ou 0,01,		0000'-0pi-0po-4'. 43/100
la 1000ème partie du	Mètre	ou la 10ème du centimètre		1 Millimètre	1 m. mt.	ou 0,001,		0000'-0pi-0po-0'. 44/100

Manière d'énoncer un Nombre, depuis le myriamètre jusqu'au millimètre.

Myriamètres. Kilomètres. Hectomètres. Décamètres. Mètre. Décimètres. Centimètres. Millimètres.

Par exemple . . . . . . 69. 432, 486, où ce qui est la même chose 69. 432, 486 : on peut dire 69 millions 432 milles 486 millimètres, mais il vaut mieux dire 69 milles 432 mètres 486 millimètres.

Voyez encore ce que nous avons dit sur la manière d'énoncer ces mesures, dans la note *l*, de l'Introduction, pag. 5.

FIN.

Fautes à corriger.

Page 25 ligne 22, Planche V, lisez Planche IV.
Page 48 ligne derniere, 9, 400, lisez 5, 400.

GRANDE GRÈCE

ROYAUME DE NAPLES

RENVOIS

A. Porte du Nord par laquelle on entre en venant de Naples
B. Petit Temple
C. Vieille Église moderne et maisons habitées appartenant à l'Évêque dans laquelle logent les voyageurs
D. Cabanes dans lesquelles logent les bouviers et les cultivateurs
E. Emplacement et vestiges d'un Amphithéâtre
F. Vestiges d'un très grand monument, cité sous le nom de Vierge
G. Temple du Milieu dit ce Grand Temple
H. Grand Édifice ou une Basilique
I. Porte du Midi conduisant à la mer et à la Tour nommée dite de Pestum
K. Ruines de divers Tours placées aux

L. Salsa Fontaine pétrifiant
M. Porte du couchant conduisant à la Lupata et à la mer
N. Source de la Lupata
O. Ruine d'un très grand Édifice, sous le Palestre ou cirque ou ou autres
P. Porte du Levant conduisant à Capaccio et à Trentinara, à laquelle aboutissait le passage de l'Aqueduc
Q. Vestiges de l'Aqueduc
R. Cabanes faites de bois de bois et de roseaux couvertes en paille dans lesquelles habitent les ouvriers, les bouviers de Bufle
S. Monceau énorme de constructions à Pierres et de débris divers
T. Tour dans laquelle est une cloche neuve

PLAN DE LA VILLE DE PÆSTUM

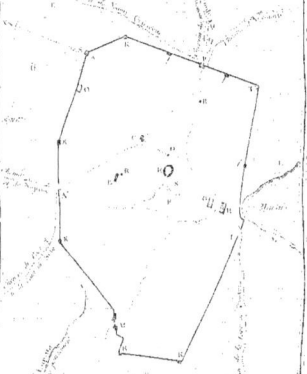

Un Kilomètre

ENVIRONS DE LA VILLE DE PÆSTUM

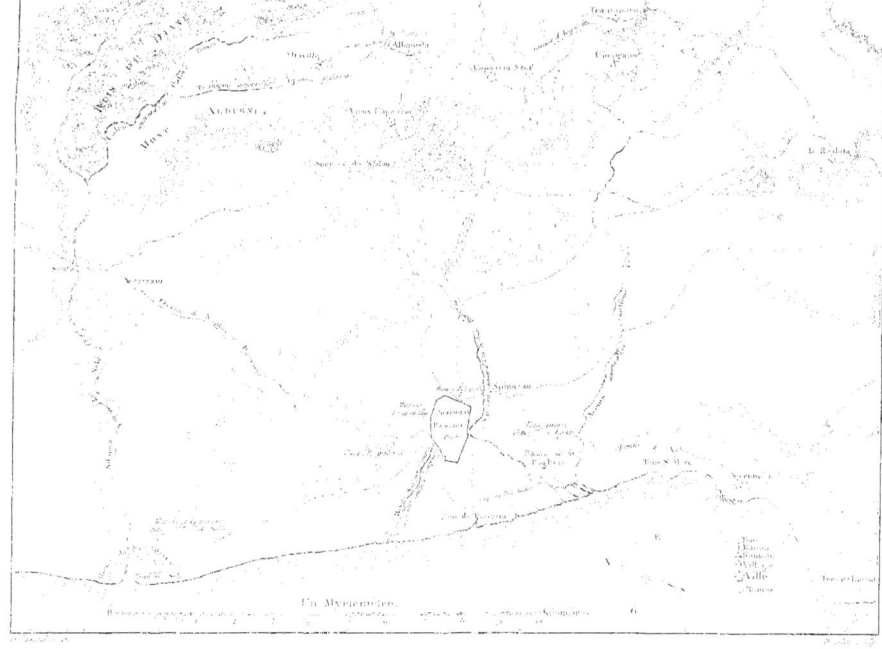

Un Myriamètre

VUES GÉNÉRALES DE LA VILLE DE [...]

Vue prise près la Porte de l'Est.

Planche II

Vue prise près la Porte du Sud.

Vue prise près la Porte de la Mer.

PLAN DU GRAND TEMPLE.

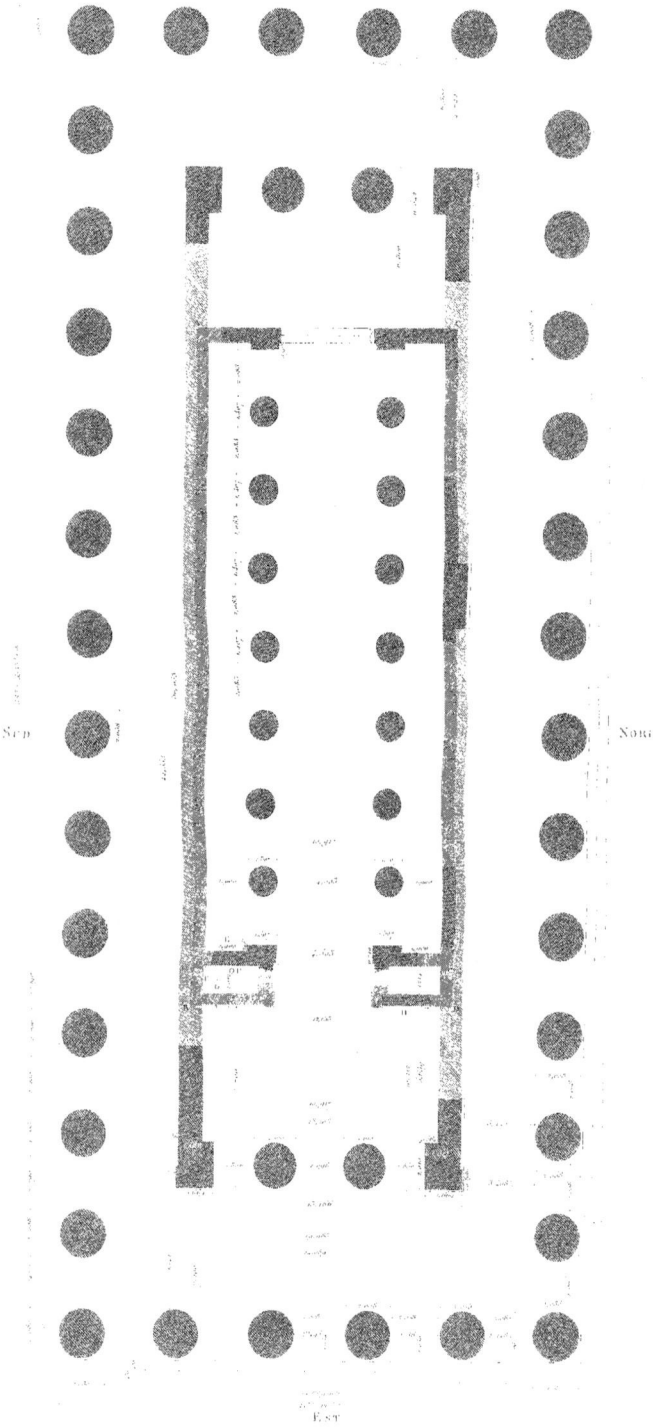

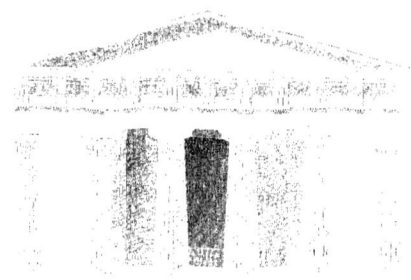
FACES RESTAURÉES DU GRAND TEMPLE.

ÉTAT ACTUEL DU GRAND TEMPLE

Coupe sur la Largeur.

Coupe sur la Longueur.

COUPES RESTAURÉES DU GRAND TEMPLE.

ENTABLEMENT ET CHAPITEAU DU GRAND TEMPLE.

PLAN DE L'ENTABLEMENT DU GRAND TEMPLE.

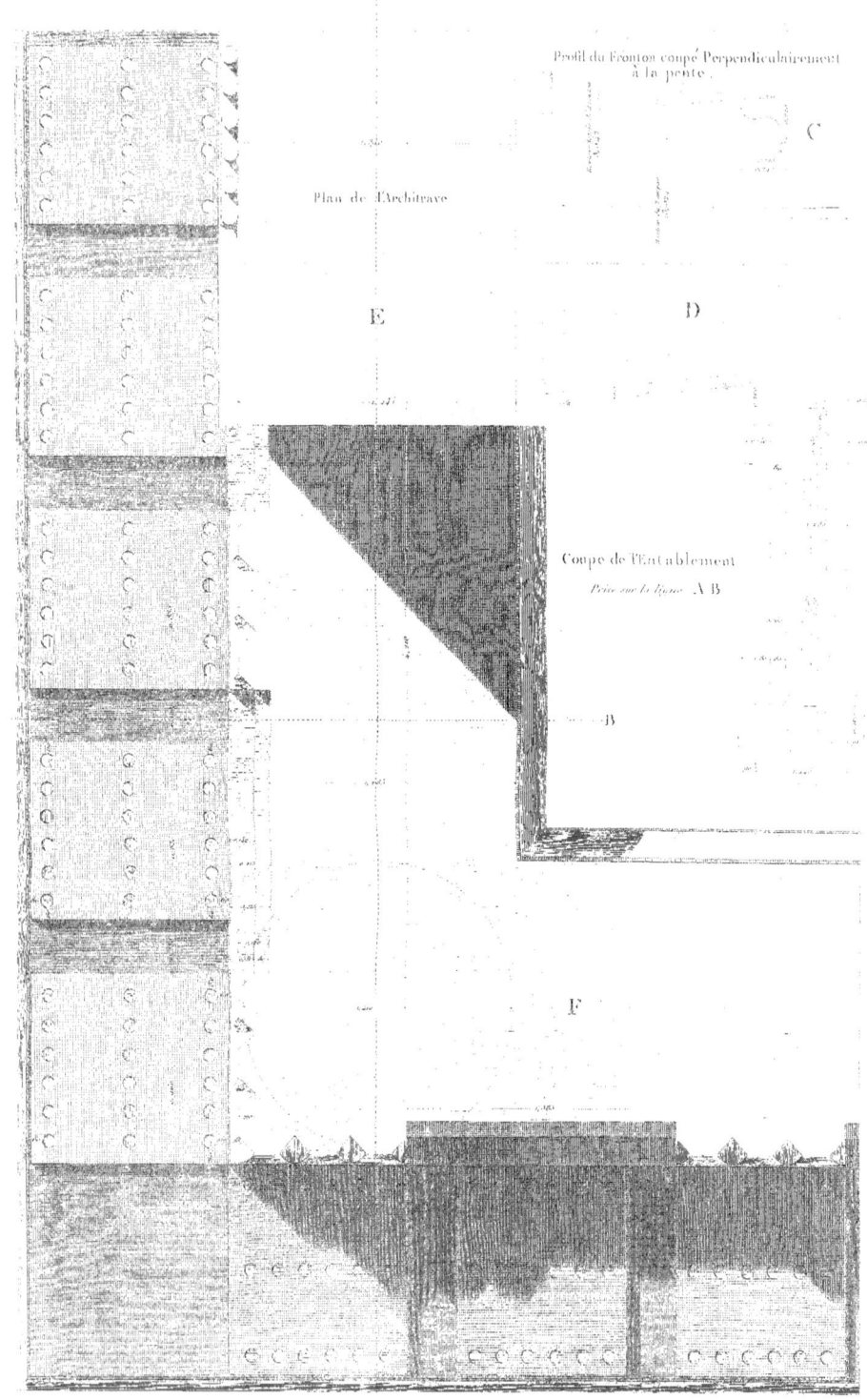

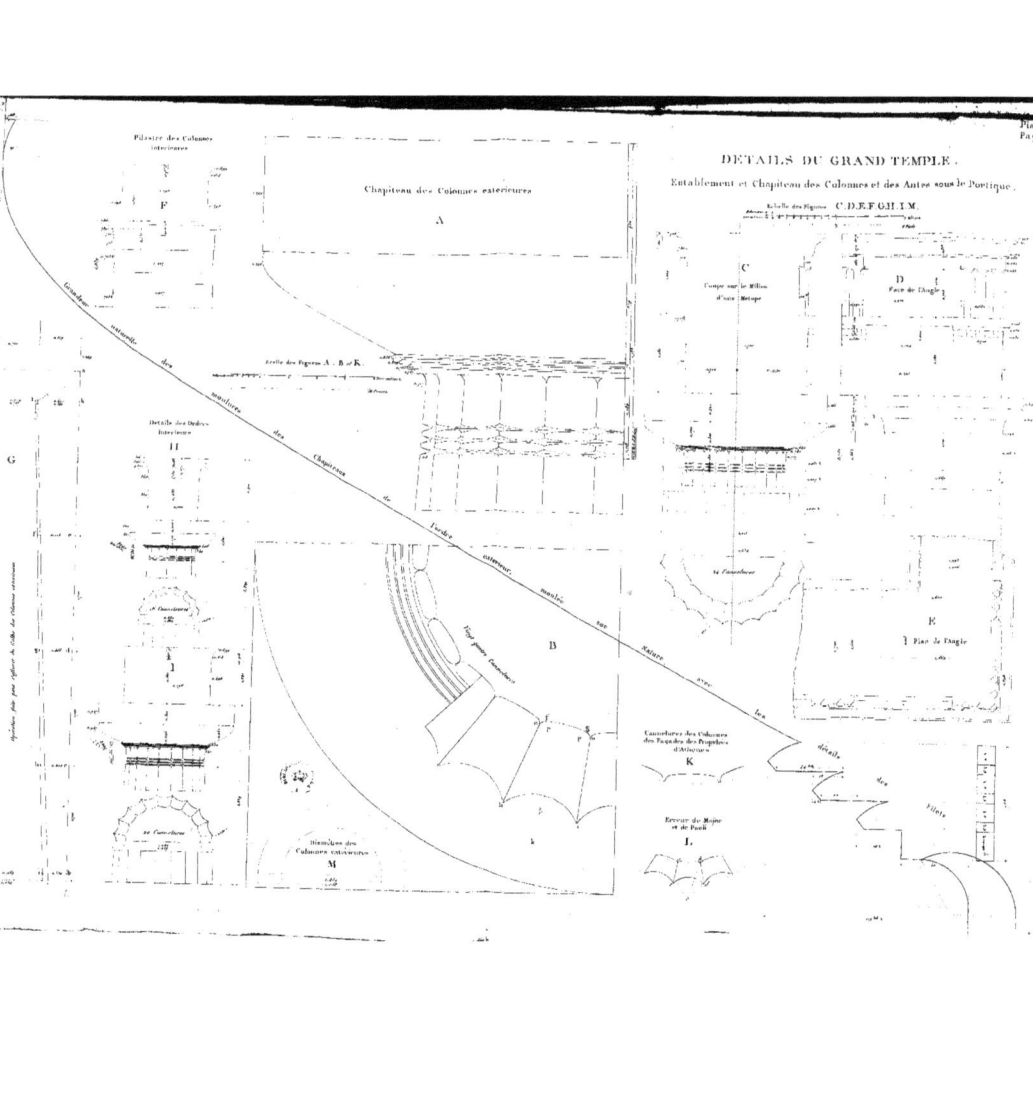

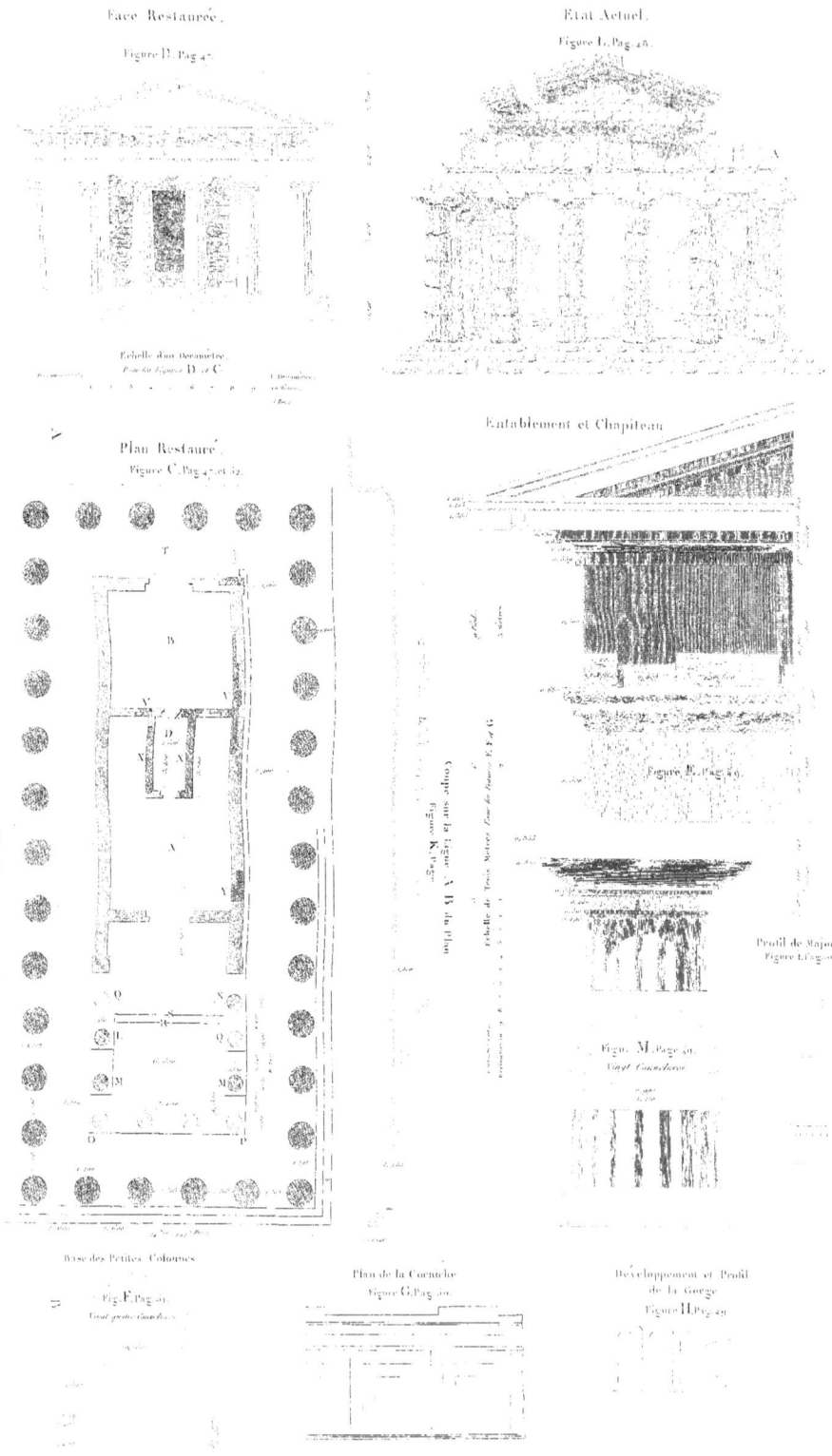

DE LA BASILIQUE
ÉTAT ACTUEL

Figure D. Page 54.
FACE EXTÉRIEURE

Figure E. Page 54.
VUE INTÉRIEURE

Galbe des Colonnes d'après Paoli
Figure C. Page 55.

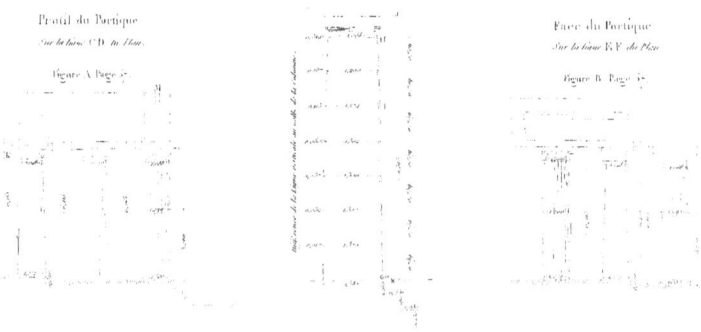

Profil du Portique
Sur la ligne C D du Plan.

Face du Portique
Sur la ligne E F du Plan.

Figure A. Page 47.

Figure B. Page 47.

Échelle de deux Décamètres.
Pour les figures A et B.

FRAGMENTS TROUVÉS A PÆSTUM

Face extérieure de la Porte.
Figure A. Page 61.

Face intérieure de la Porte.
Figure B. Page 61.

Figure D. Page 60.

Plan de la Masse de l'Amphithéâtre.

Plan de la Porte
Figure C. Page 61.

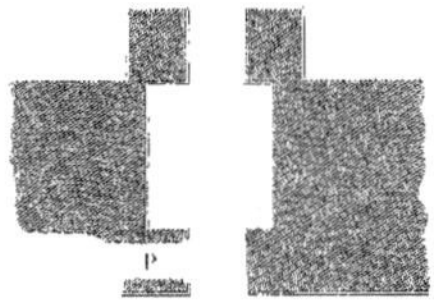

Chapiteaux trouvés dans les fouilles du Cirque. Voyez Page 59.

E.　　　F.

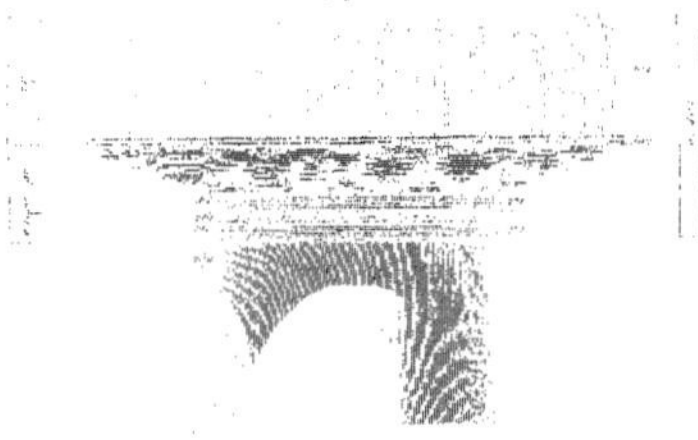

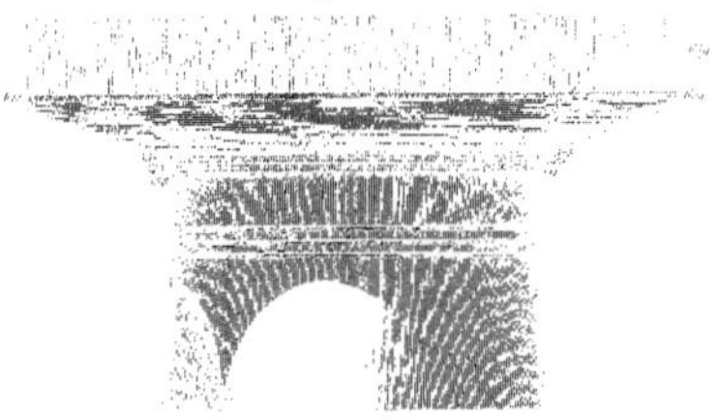

Médailles trouvées dans les Fouilles.
Voyez Page 75.

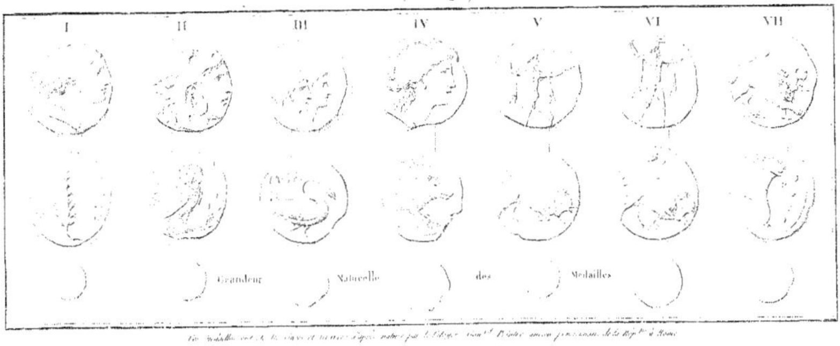

| I | II | III | IV | V | VI | VII |

Grandeur Naturelle des Médailles

PARALLELE DES EDIFICES DE PÆSTUM, AVEC CEUX D'ATHENES ET DE ROME,
D'OÙ L'ON CONCLUT L'EPOQUE DE LA CONSTRUCTION DES EDIFICES DE PÆSTUM.

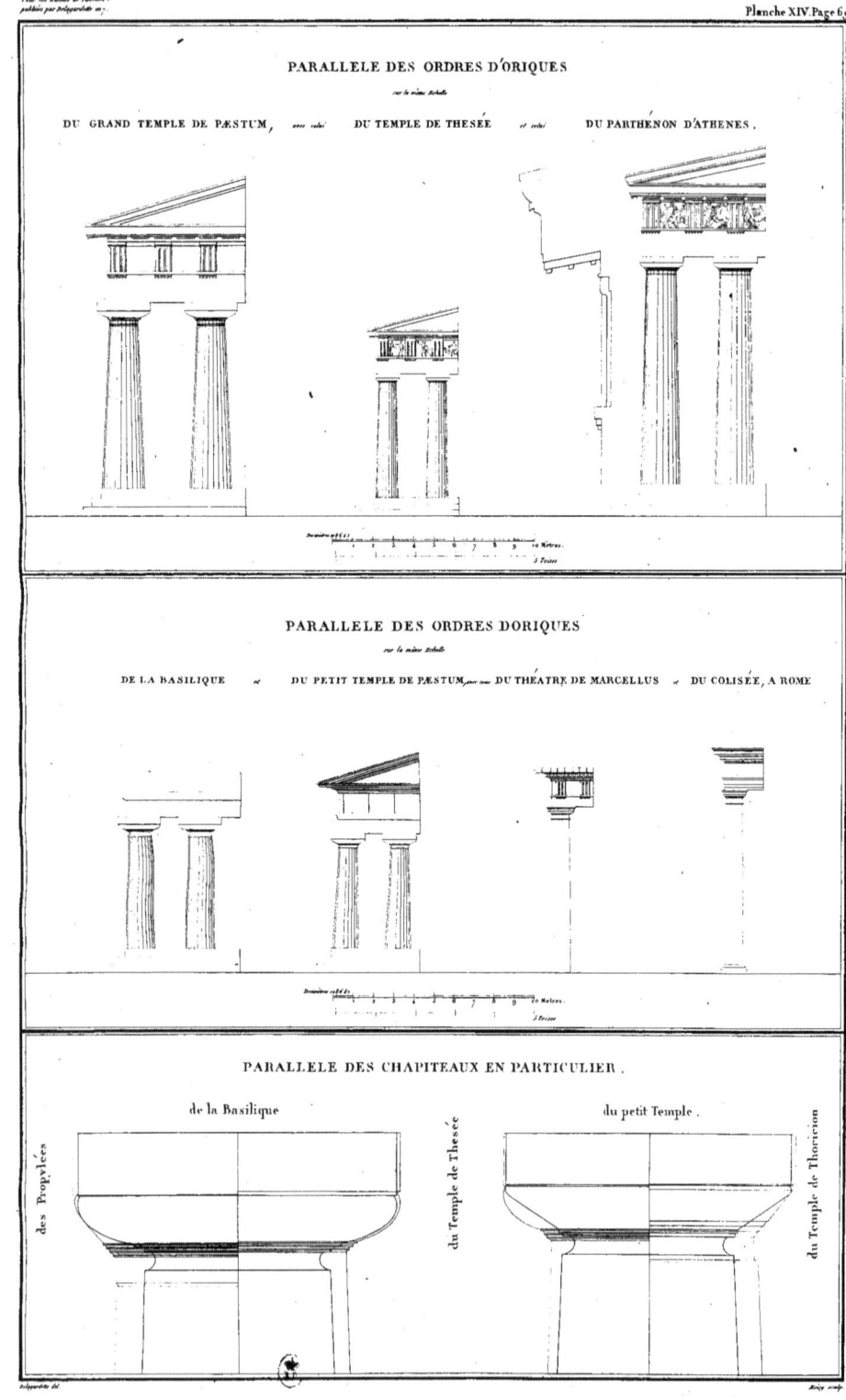

www.ingramcontent.com/pod-product-compliance
Lightning Source LLC
LaVergne TN
LVHW050637090426
835512LV00007B/906